八闽·追光

福建电力工业史话

（1879—1949）

国网福建省电力有限公司 编

中国电力出版社
CHINA ELECTRIC POWER PRESS

图书在版编目（CIP）数据

八闽追光：福建电力工业史话：1879—1949 / 国
网福建省电力有限公司编 . -- 北京：中国电力出版社，
2025. 3. -- ISBN 978-7-5198-9531-0

Ⅰ. F426.61

中国国家版本馆 CIP 数据核字第 2024WK5720 号

出版发行：中国电力出版社
地　　址：北京市东城区北京站西街 19 号（邮政编码 100005）
网　　址：http://www.cepp.sgcc.com.cn
责任编辑：刘红强（010-63412520）
责任校对：黄　蓓　郝军燕
装帧设计：郝晓燕
封面篆刻：陈学榕
责任印制：钱兴根

印　　刷：北京顶佳世纪印刷有限公司
版　　次：2025 年 3 月第一版
印　　次：2025 年 3 月北京第一次印刷
开　　本：710 毫米 ×1000 毫米　16 开本
印　　张：15.75
字　　数：174 千字
定　　价：80.00 元

序

百年追光，逐梦理想。

1879年9月9日，马尾船政点亮福建省第一盏灯，开启八闽有电的历史。1910年，福建第一家民营电力企业——福州电气股份有限公司成立；次年11月，装机容量300千瓦的新电厂投产发电，开启了福建商业供电的新纪元。今天，在我们欢庆福建电力工业辉煌成就的同时，应当铭记电力先驱们敢为人先、勇于开拓、艰苦创业的历史贡献。

《八闽·追光 福建电力工业史话（1879—1949）》一书是遵照习近平总书记关于"传承历史文化""传承红色基因"的重要指示精神而编写的。本书概述福建电力从1879年晚清至1949年中华人民共和国成立前的曲折发展历程，展现电力先辈从"开眼看世界"到始创福建电力企业的七十年奋斗史。

本书概述了电力起步阶段艰苦创业、曲折发展、铸造辉煌的历史进程；记录了福建电力职工英勇不屈、坚持抗争的革命斗争史实；叙述了电力英烈们不畏强暴、忠贞不渝的英雄壮举和知名企业家、优秀电力专家、劳模人物艰苦创业、勇于创新、报效国家、服务百姓的动人事迹。在艰难的电力创业中，福建省汇聚了一批著名企业家、技术专家和工人技术能手。有开中国电力兴业风气之先的林炳章，联合福州实业家创办福建首个电灯公司的"电光刘"家族、陈之麟、林长民等；有带头投资、组织发动企业家投资办电的华人侨界领袖陈嘉庚；有积极打造电气人才摇篮的教育先驱陈宝琛；有在水电设备革新上做出突出贡献的工程师纪廷洪；有为护电维权斗争做出牺牲奉献的革命志士罗扬才等。

继往开来，与时俱进。福建电业先行先试者的惊世壮举，广大干部职工追求卓越的创造精神，以及电力工业取得的辉煌成就，都是福建电业发展过程中的光辉篇章和宝贵精神财富。本书将可歌可泣的奋斗历程记录下来，既是对百年历史的尊重，也是对优良传统的继承。

追光百年，奋进远方。我们相信，读到此书的读者一定能够从中找到电力发展的历史轨迹，并更加珍惜美好的盛世时代。

国网福建省电力有限公司董事长、党委书记

2024 年 12 月

目　录

1910 年 10 月福州电气公司创建的办公楼（摄于 1936 年）

综 述

八闽追光，百年回眸

追光百年电力，奋进福建力量。

电力是工业动力之母。从 1879 年上海点燃第一盏电弧光灯到现在的 145 年，中国是如何从"一穷二白"发展成为电力大国的？其间，福建形成了什么样的电力文化，电力人形成了什么样的精神价值？

回望百年发展历程，福建电力工业历经风雨沧桑，充满奋斗传奇，打开的是一本厚重的书。本书从电力的起源及其被引进福建开始，聚焦电力创业之初的标志性事件，将福建电业的起始阶段向读者一一道来。

世界电力工业起源于 19 世纪后期。随着资本主义的生产技术及装备的输入，电能的生产和应用也于 19 世纪后期相继输入中国。福建作为中国最早用电的地区之一，于 1879 年点亮了第一盏灯，至今已逾百年。在曲折的创业历程中，福建电业的发展无不与当时的历史背景和时代特色紧密相连，福建电力工业披荆斩棘，完成了从亦步亦趋、奋力追赶，到并驾齐驱、部分领先的角色转换。

　　旧中国福建电业发展史，是一部被列强掠夺、饱受欺凌的辛酸史。在民族未独立解放的近代中国背景下，电力工业即便付诸苦心，也无可避免逐渐衰落的命运。百年前，在福州、厦门、泉州等城市刚用上电的年代，甚至因为发电量相对于用电量来说过剩了，以至于各地电力企业经营困难。到新中国成立前夕，福建全省电力装机容量仅为 8656.60 千瓦，年发电量仅为 860 万千瓦时，年人均用电量只有 0.4 千瓦时。

　　福建电力工业发轫于清末民初，依次经历了三个发展阶段：第一阶段，始于清末洋务运动，终到清朝的灭亡，以官办电厂的发端为特征；第二阶段，电力发展横贯整个北洋政府时期，特点是民族资产阶级私营电力企业的兴起；第三阶段，电力发展涵盖南京国民政府时期，终于中华人民共和国成立前电力企业的公私合营。在电力创业早期，福建民族资本家走上开启民智、富国强民的艰难探索之路，刘崇伟、陈祖琛、陈耀煌、林尔嘉、黄庆元等人为近代电力抒写了浓墨重彩的开篇之笔。同时以陈嘉庚、蔡子钦、陈清机为代表的爱国华侨和侨界实业家，发动海外有志之士集资办电，开启华侨实业家筹资办电的新纪元。遥想 1879 年马尾船政点亮的第一盏灯，再看今朝璀璨的万家灯火，其中洋溢着福建电力人自强不息、爱拼敢赢的奋斗精神。

　　从 1911 年至 1949 年中华人民共和国成立前，福建省电力工业以沿海火电、山区水电并行的形式发展，相继诞生了以福州电气股份有限公司、厦门电灯电力股份有限公司、泉州电灯股份公司、永安桂口水电公司为代表的电力工业典范，先后经历了民办、公私合办、官方独办的发展阶段。截至 1937 年抗战爆发前，福建电力发电容量约占全国的 5.6%，使得全省电力工业进入民国繁荣时代。在始创时期，福建电力企业试水股份制办电、电路建设、安全生产、用电普遍服务、农村电气化，培育了一批专业娴熟的电力工匠，为中华人民共和国成立后的电业崛起积累了宝贵经验和人才储备。

福建电力人追光兴电的历程，也是中国共产党领导人民群众反帝反封建的艰苦斗争历程。在厦门租界，中共地下党组织工人抗击外国资本家、洋买办的压制，为积极争取合理劳动权益展开多次罢工运动，及时策应了上海、北京等地的工人运动浪潮，涌现出罗扬才、李松林、杨世宁等工运先驱。1929—1933 年土地革命时期，闽西苏区点亮第一个红色灯盏，灯光见证了伟人毛泽东俯瞰指点长汀红土地的历程，见证了中央苏区军民团结生产的生动局面。

光耀八闽，复兴可期。站在"两个一百年"的历史交汇点，福建电力人谨记习近平总书记莅闽考察时"要推动创新发展"的嘱托，大力弘扬"忠诚担当、求实创新、追求卓越、奉献光明"的电力精神，以电能为核心，以光能、风能、氢能等新能源为转型方向，以跨区域输送与分布式开发相结合为特色，深化实施能源安全新战略能源互联网战略、两岸能源合作战略，不断拓展清洁能源的广阔空间。前进中的福建电力工业，历经百年而风华正茂，饱经艰辛却倍长精神。

曙光篇

创业之路多艰辛

商办厦门电灯电力股份有限公司股票

马尾船政亮首灯

19世纪的第二次工业革命浪潮，为世界文明发展带来新气象，也翻开了中国沿海省份经济社会发展的文明新篇。

福建简称"闽"或"八闽"，地处东海之滨，与宝岛台湾隔海相望。这里风光灵秀、物华天宝，是东南沿海开放省份和重要侨乡。福建省地势西北高、东南低，呈依山傍海态势，境内山地、丘陵面积约占全省总面积的90%；地跨闽江、晋江、九龙江、汀江四大水系，属亚热带海洋性季风气候。这里是千年海上丝绸之路的起点，是海上商贸集散地。福建省集通江达海之水陆便利，商贾云集、贸易繁荣，它美称"清新福建，海滨邹鲁"，有着五千年厚重文明底蕴，是近代中国民族工商业发生、发展较早的一个省份。

19世纪70年代，福建产生近代民营工业，制茶业最先引进机器生产。光绪元年（1875年），福建茶商购买机器在福州南台开办砖茶厂。翌年，又在延平和建宁各设一厂。此后，福建出现福州石竹山铅矿、福州机器面粉厂、福州制糖厂、厦门玻璃制造厂、厦门自来火局等10多家民营近代工矿企业，但规模都很小。20世纪初，福建民族资本有所发展。据统计，从1900—1911年，福建各地新办 30 多家民族资本企业，其中包括制糖、制瓷、罐头、玻璃、牧垦、铁路、电报、电力等各种行业，主要集中分布在开埠较早的福州、厦门、泉州等闽东南沿海地市。❶ 民国时期，福建民族工业有了新的发展，其中电力事业是工业发展的重要一环。

近代福建的电力工业，肇始于晚清洋务运动。

清朝末年，国运渐衰、强虏压境，1842 年，西方列强炮火轰开了中国国门，积贫积弱的中华民族受到了史无前例的屈辱，也陷入了内忧外患的晦暗时刻。清政府作为鸦片战争的战败国，被迫签订了丧权辱国的《南京条约》，开放了广州、厦门、福州、宁波、上海为通商口岸。曾国藩、李鸿章、左宗棠等清政府大臣逐渐意识到中国想要壮大，就要向西方学习，并开展了一场轰轰烈烈的洋务运动。作为洋务运动的前沿省份，福建的民族工业领军地位显赫，早期林纾、严复等核心人才不断涌现。

19 世纪 60 年代，清政府中的洋务派深知作为工商业重要省域、海防前沿的福建省之重要性，做强全省经济实力可以稳固东南政局和台湾防务。福州、厦门列为沿海通商口岸后，受到西方列强的商品倾销和经济掠夺，城市产业、经济结构都受到了巨大的冲击。但与此同时，新的社会思想也在流入，中国新一代知识分子在西方文化思想中寻找救国道路，办洋务、办厂开矿、造船炮，读新书、斥旧学、交游同道、待时而出，以救亡图存。

---

❶ 谷桂秀 . 民国时期福建民营近代工业研究 [D]. 福建师范大学，2001.

船政局成功试电

在清末的福建，福州商贸在畸形发展中繁荣一时，马尾港成为"世界茶港"。1866 年以"自强""求富"为口号的洋务运动兴起。其时，闽浙总督左宗棠、船政大臣沈葆桢等洋务派主将极力把福建办成南方洋务运动中心。作为洋务派代表人物的左宗棠在《试造轮船先陈大概情形折》中提到："惟东南大利，在水而不在陆，中国自强之策，除修明政事、精练兵勇外，必应仿造轮船以夺彼族之所恃。"并推动福州创建福建船政（后又称福州船政局、马尾船政局），❶ 开办了服务军工的铁厂、造船厂和船政学堂，由林则徐的女婿沈葆桢就职首任总理船政大臣，组织外国技术团队，设厂、造船、兴办近代教育。福建船政是中国近代造船业的基地、近代工业的发祥地，又是近代海军的摇篮、近代教育的起点。1871 年，福州船政局就在沈葆桢的主持下制造出了中国第一台蒸汽机；之后不久，马尾船政就从德国和法国进口了西门子等品牌的发电机，用来驱动车床和刨床。❷ 福州电力工业发展的开端，与福州船政结下了不解之缘。

1809 年，英国皇家研究院教授汉弗莱·戴维爵士制成世界上第一盏弧光灯。❸ 1866 年，德国西门子制成世界上第一台工业用发电机。1879 年，提出光子假设并成功解释了光电效应的犹太裔物

---

❶ 魏定榔 . 船政与福州 [M]. 福州：福建人民出版社，2016.
❷ 李想 . 福州电力与"电光刘" [J]. 国家电网，2006,(08):75–77.
❸ 张明 . 光之乌托邦 [J]. 装饰，2015,(03):8–9.

理学家爱因斯坦才刚出生，美国科学家爱迪生就成功制作出世界上第一只有实用价值的电灯，这一发明彻底改变了人类的生活方式，也开启了电气化新时代。西风东渐，欧美电力技术革命为近代中国经济提供了发展契机。

1879 年，福建人就紧随西方工业革命潮流，迎来电力工业的第一道曙光，写下了中国人自己独立使用电力照明的最早记录。当时，福州船政局大量引进欧洲先进技术和设备，作为车床等机器的生产动力。9 月 9 日，船政局接到了一套经"欧罗巴"号轮船运抵的电灯设备，并于当天夜晚在钦差大臣衙门后院的寺庙前进行了首次展示，不同寻常的耀眼照明激起了当地居民的强烈兴趣。德国发明家冯·西门子在接受《法兰克福报》记者采访时，作出豪迈宣告："电力技术很有发展前途，它必将开创一个新纪元。"

1879 年《申报》刊登了一则《电气新灯》的新闻，记录了马尾点亮第一盏电灯的消息："福建制造局新买一制作电气灯之机器，现闻前月二十三日已试制一灯于制造局后燃点，其火光异常明亮，观者莫不称奇，据云若于此灯下看书宛如白昼，倘得推广用之则不夜城岂虚语哉。"与此同时，在民国出版界最有影响力、历史最悠久的英文报纸《字林西报》和《北华捷报》上也报道了"马尾船政试用电"。《字林西报》作为当时较有影响力的报纸，先前关注的都是北方发生的大事，很少报道南方新闻，福州船政试用电的消息能在这份报纸上报道，可见在当时是很重大的事。这则聚焦眼球的新闻报道，也成为清代中国官办机构最早诞生的电灯照明的记录。《船政研究文集》甚至将福州船政局试灯评价为中国人点亮的第一盏灯："这是中国自己试验用电照明之始，同年外国人曾在上

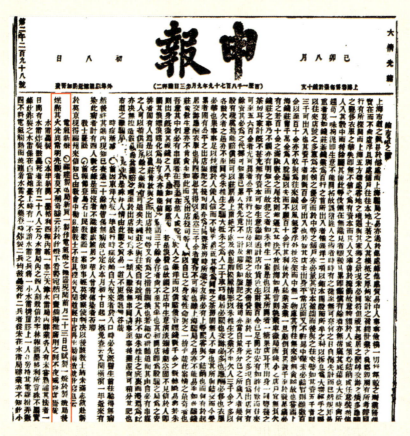

大清光绪己卯八月初八日《申报》刊登福州船政试用电的新闻

1879年9月22日《字林西报》刊登福州船政试用电的新闻

1879年9月23日《北华捷报》刊登福州船政试用电的新闻

海试用电灯，那是洋人的事。"

1879 年 5 月 28 日，来自英国的电气工程师毕晓浦在上海的一个仓库里，点亮了中国第一盏电灯，开启了中国有电的历史。距离上海第一盏电灯亮起仅 4 个月，福建就紧跟着开启了电力光明的探索之路。而李鸿章将电灯作为贡品献给慈禧太后，让电力走进宫廷贵族，那是 1888 年的事情了。

福建诞生首座电厂

福州船政于 1879 年试电成功后，船政与电灯的故事一度没了踪影。直到 1884 年中法马江之战后，福州船政花费 2400 两白银，进口了一座电弧探照灯安装在了"镜清"号巡洋舰上，用于夜间照射海面，防范敌方偷袭。❶"镜清"号也成为中国第一艘安装电灯的军舰，❷ 且在瞭望台上配置发电机为双灯式探照灯提供电源，"以烛黑夜，防雷艇之暗劫也"。继"镜清"号之后，福州船政建造的"寰泰""平远"等军舰，也都将弧光探照灯当作必备装备。

若说福州船政之前所用的电灯还都只是装备在军舰上的探照灯而已，那么到了 1886 年，船政厂区里就出现了革命性的新设施。这年春天，船政生产厂区开展钢甲舰"平远"号建造。各车间生产任务繁重，夜间也经常要加班工作。为满足夜间照明之需，时任船

---

❶ 东南网. 八闽文脉·向海 | 马尾船政的电光往事 [EB/OL].（2023–04–20）[2024–09–02].https://baijiahao.baidu.com/s?id=1763697787475597928&wfr=spider&for=pc.

❷ 福州史志网. 闽人智慧　第一艘千吨级轮船、第一盏自主试用电灯、第一架国产水上飞机……这些中国科技史上的"第一"，在福建诞生！[EB/OL].(2023–02–10)[2024–09–02]. http://fz.fjdsfzw.org.cn/wap/2023–02–10/content_122480.html.

马尾船政工人在灯光下工作的场景

政大臣裴荫森下令在各车间安装自制的电灯。❶ 至此，电灯的应用从原来的只运用在军舰上的探照灯扩展到为福州船政局夜间生产照明所用。

1888 年 11 月 28 日，福州船政建成一座电灯房，❷ 成为中国较早的发电车间之一，是福建省第一座发电厂。

到了 1922 年，福州船政局局长陈兆锵组织对轮机厂前方的大锅炉房进行改造，改为规模更大的动力发电厂，内部安装 2 台发电机，作为福州船政局机器生产的动力源，称为电光厂。此后，原本以蒸汽机、皮带传动的机床，全部改为电力驱动。这次改造完成

---

❶ 陈悦. 海军故实——船政电灯厂 [J]. 现代舰船，2021，000(010):22.
❷ 资料来源：1998 年由福建马尾造船厂、马江海战纪念馆组织，陈道章编写的《船政大事记》。

后，船政的发电量大幅提升，所产生的电力不仅可以供应生产所需，每天晚间下班后，则向邻近的马尾街道供电，马尾从此进入了电力照明时代。

同年，陈兆锵着手组织工人技术培训。他上任伊始，即决定恢复久未招生的艺圃。1915 年正式招收初中程度的学生 120 名入学，分别为英文班、法文班。❶ 时年 16 岁籍贯福州闽侯的少年周宗道就在此时考进船政艺圃，成为一名船政学徒工，参与了船政安装电灯等电工工作。周宗道本就是船政厂工人，从少年时代就和电打起了交道，进入船政艺圃后，他的学习、工作异常出色，从艺圃毕业到成为正式工匠之间，先后获得十二次奖励。1896 年，他短暂代理船政炮舰"艺新"的正管轮。1897 年，又被任命为轮机厂、合拢厂、电灯房的督工，成了他所学习、工作过的机构的技术主管。1899 年，周宗道在船政的身份晋升为"电光总匠首"，是船政厂中独当一面的技术专家。1900 年，一批学生到船政学习电力照明技术，周宗道兼任教习。1905 年之后，周宗道的足迹遍及南、北洋，先是被调往北京，负责指挥在颐和园等处安装发电机和电力照明设备，而后又回到了船政，参加了福州总督府的电力照明系统安装建设。1911 年辛亥革命后，周宗道被福州船政局任命为总匠首兼管电灯房，兼福州海军艺术学校教员，兼海军部电光学生教员。他用 20 余年时间，成为中国电力照明领域的技工之王。

---

❶ 张作兴 . 船政文化研究 [M]. 北京：中国社会出版社，2003.

电光萌芽焕生机

19世纪末，随着来华传教与经商的西方洋人增多，办电置业的洋行买办数量也日渐增长。1887年，刚刚从美国雪城大学医学院毕业的传教士兰马利亚受教会派遣来华，初驻福州。随后她放弃了福州市内的工作来到闽清县坂东镇，下定决心要把一生都献给中国的医疗事业。那时，闽清乡下的条件非常艰苦，而兰马利亚主持筹建的六都善牧医院规模逐步发展，设施不断完善，于1900年安装一台1千瓦的汽油发电机，除保障临床手术照明外，同时向医院院区和附近的毓真女子中学提供照明用电。继福州马尾点亮首灯后，闽清县成为首个有电的福建县域。

受到"百日维新"思潮影响，清政府开始注重学习西方资本主义国家的先进科学技术，以挽救濒于灭亡的清王朝统治。1882年上海开办国内第一家电气公司后，[1]清廷要求官员推进电力事业的发展与管理，于1903年确定商部通艺司管理电业，负责电灯公司注册给照事项。1906年改由邮传部负责电业立案事宜，"对于省办电气事业，需地方长官奏明，奉旨知道部中"，便可立案；而商办电灯公司，需在农工商部注册、领照后，由地方长官咨明邮传部"股欵股实，无羼外资，便于交通，才可以立案"。随之一些地方开明官吏颇为支持地方电力的发展，福建省兴泉永道道台周莲（即周子迪）呼吁"吾国有大利而不取，久必为外人所得"，始得福建省电力工业之近代风气之先。

---

[1] 乔琦. 找准角色定位践行电力精神 [J]. 中国电力企业管理，2023(23):1–1.

首亮灯盏熠榕城

　　福州，别称榕城，古称闽都，有"闽越都会，东南重镇"之誉，地处福建东部、闽江下游及沿海地区。福州历史文化悠久，新石器时代晚期的昙石山文化、商周时期的黄土仑文化都表明了闽族先民们已在此渔猎、采集、从事农耕，使用磨制石器，掌握了纺织、制陶等生产技术和装饰艺术。公元前 202 年，刘邦封无诸为闽越王，在此建"冶城"。公元 282 年设晋安郡，首任太守严高建"子城"。公元 725 年，福州设都督府，至此定名福州。从明代起，福州一直是福建的省会，亦称福州为"闽都"。

　　"八山一水一分田"的地貌格局和背靠大山、向海开放的地理条件，决定了福州较早具有面向海外的国际视野，形成了独特的海洋文化。古往今来，福州通过发达的海外交通，从事国际经济贸易和人文交流。东冶港自汉代以来即成为海外朝贡贸易的中心港口。《后汉书·郑弘传》载："旧交趾七郡，贡献转运，皆从东冶，泛海而至。"到了唐代，政府对外贸易奉行开放政策，当时福州与广州、扬州并称三大对外贸易港。《太和八年疾愈德音》载："其岭南、福建及扬州蕃客，宜委节度观察使常加存问，除舶脚收市进奉外，任其来往流通，自为交易，不得重加率税。"宋元代福州先后作为福建转运使、海船万户府所在地。宋代诗人龙昌期描述福州："百货随潮船入市，万家沽酒户垂帘。"明代郑和七次下西洋，皆驻泊于福州太平港候风、补给、增员。《长乐县志》载："太平港在县西半里许，旧名马江。明永乐七年，内侍郑和出使西洋，海舟皆泊于此，因改今名。"以海为媒，向海而兴，福州在悠久的历史进程中逐步开放对外政治、经济、文化等方面的知识交流和人员往来，造就了福州"海纳百川，有容乃大"的城市精神。

闽都探路民营办电

1895 年，甲午战争失败、洋务运动破产，中国遭受了惨痛的经历。在此境遇下，清政府开始重视并"提出以振兴工商、发展实业为自强的首要措施"，鼓励民间开设工厂，发展新式工业。李鸿章、张之洞、左宗棠等洋务派开明大臣，进一步鼓励在美洲、南洋、日本各地经商致富的华侨回国投资办厂，一方面引导富商、华侨投资新式工业，促进民族资本主义的发展，一方面鼓励官员到西方国家考察工商业发展。于是国内掀起了实业救国的热潮，逐渐形成了影响海内外的近代闽商。

作为工农业的动力基础，电力日渐受到人们重视。

1901 年的上海《时报》报道称，"闻厦门某巨商以福州各处行店多用洋油，致遭火患，拟集股向福州创设电气灯公司一所……据言该电灯每夜点至十二点钟止，较点洋油价格不过略昂少许。"❶ 可见当时已有商人欲在福州开设电灯厂，但均未成功。在福州开办电厂先河的，是官绅林炳章的电灯公司。

民国电力工业的发端，得益于一些官员学者的西学东渐。林炳章是福建"开眼看世界的第一人"林则徐的曾孙、"末代帝师"陈宝琛的女婿。其一生从政，同时也积极投身于创办禁毒、教育和实业。1893年林炳章捐了监生，同年中举人，次年连捷进士，选翰林院庶吉士。1902年，华侨领袖黄乃裳回国招农，林炳章便欲借此机会出国游历增长见闻，同年他跟随黄乃裳考察南洋垦务发展。1903年借参加日本大阪博览会和为福州师范学堂聘请教员的机会考察日本，并著书《癸卯东游日记》。他提出"中国今日强必自教育始，富必自实业始，自余皆末也。"❷

1903年7月22日，在参加日本大阪博览会时，林炳章见识到电灯对照明的诸多好处。鉴于福州使用油灯经常造成火灾，1906年7月，林炳章集资10万元，在福州苍霞洲银圆南局开设福州电灯公司。此时的照明电是按照电灯盏数收费，每盏月收费1块大洋。这是福州第一个商业运营的电灯公司。至此，福州跻身中国第一批拥有电灯的城市。

关于林炳章的电灯公司，《闽侯县乡土志》载："绅商合设，在苍霞洲银圆南局，于光绪三十二年秋间，在籍编修林绅炳章请开设，聘梁祖群、陈同甸为机师，并招收艺徒，以资传访。"❸ 但电灯

---

❶ 汪敬虞.中国近代工业史资料 第二辑1895—1914年（下册）[M].北京：科学出版社，1957.
❷ 吴海慧.林炳章研究[D].福州：福建师范大学，2014.
❸ 朱景星修，郑祖庚.闽县乡土志[M].福州：海风出版社，2001.

公司没过多久就停办了，一说是"招股受挫，被迫中止"；另一说是"各种技术原因，迟迟未成"。包括电灯公司在内，林炳章创办的实业大多因资金、技术等原因停办，但他开风气之先，为福州电力工业的发展起到了先行先试的作用。

实业救国的除了官员，亦有商贾。1909 年 4 月，福州的林友庆在今天的台江洲边筹设了耀华电灯公司，拥有能供应 200 盏左右电灯的 7.5 千瓦直流发电机一部，并在市内架设电杆 18 根及 100 伏配电线路，❶ 供中亭街部分商店、路灯照明。但因技术落后、困难重重，公司几个月后因亏损关闭。随后还有邱希仁的文明电厂，虽已获福州府批准，但未及动工就夭折了。❷

在福州电力工业起步初期，经营能力、市场环境等多方面条件均不成熟，许多创业先驱的努力都如昙花一现，在历史的长河里没有留下太多波澜。福州电灯公司、耀华电灯公司、文明电厂等办电实践，虽都以失败告终，但为福州电力工业的起步开创了思想先河，提供了有益经验。史上颇有建树的"电光刘"创办的福州电气股份有限公司（简称福州电气公司），就是承接了耀华电灯公司逐步发展起来的。

辛亥首义，石破天惊。

1912 年春天，孙中山就任民国临时大总统，向国内民众大声疾呼并庄严宣告世界"电气时代"的到来，指出"今日人类之文明，已进于电气时代矣，从此人之于电，将有不可须臾离者矣。"在孙中山先生的大力感召下，中国留洋的海外学子纷纷归国，带回

---

❶ 吴海慧 . 林炳章研究 [D]. 福州：福建师范大学，2014.
❷ 福建省地方志编纂委员会 . 福建省志·电力工业志 [M]. 北京：方志出版社，1998.

了先进科学技术和优秀管理理念。特别是第一次世界大战后，世界科技突飞猛进，电力技术促进了近代文明的兴起。民国初期，孙中山在福建都督府官员陪同下考察了福建山海资源和经济发展情况，并在著作《建国方略》中对未来福建经济提出规划构想，展望了福建水利、港口、路矿、能源、都市建设的发展蓝图。

民国初期，因占贸易主导地位的茶叶和木材出口减少，加上受第一次世界大战的影响，外资随之缩减，一批外国企业倒闭或转让给福建商人，为福州民族工商业发展提供了机会和市场。面对民国发展"黄金期"，福州、厦门等东南沿海资本家纷纷加入办电行列，其中以福州电气股份有限公司、厦门电灯公司为民族电业典范。

福州的三坊七巷是福建最大的商业文化街区，这里云集了榕城的达官隐士、商贾名流，是清末民初的"晴雨表"和民国的"后花园"。三坊七巷走出的名人，与近代以后的重要历史事件，如虎门销烟、洋务运动、戊戌变法、五四运动等息息相关。民族英雄林则徐、中国船政文化的创始人沈葆桢、启蒙思想家严复、戊戌变法六君子之一的林旭、黄花岗英烈林觉民、抗倭名将张经、近代诗人陈衍及著名作家冰心、邓拓等都是其中的杰出代表。塔巷 10 号，是刘家福州电气公司的办事处。这里的"刘家"，说的便是家喻户晓的"电光刘"家族。20 世纪初的刘家显赫一时，光禄坊刘家大院灯火辉煌，财源滚滚。1910 年，福州刘氏家族拉开了福建电力工业序幕。

"电光刘"开启电气时代

在今天的台江区新港道 4 号国网福州供电公司内，有一座融合中西风格的老楼房，大楼建成于 1915 年，是国内现存最古老的电力企业办公楼之一。2009 年 9 月 25 日，这座大楼作为国内首家省级电力博物馆正式开馆。这座大楼，便是百年前由"电光刘"创办的福州电气公司的办公厅。

1910 年 10 月福州电气公司创建的办公楼（摄于 1936 年）

　　"电光刘"是福州龙山刘氏的一脉，龙山刘氏于 1428 年（明宣德三年）自河北进入福州。刘彬为"龙山刘氏"的入闽始祖。刘家先祖留给后人的最大财富是亦官亦商的家族基因，刘彬有些子孙当官为宦，特别是第十五世的刘齐衢和刘齐衔兄弟，1841 年同榜双中进士，其中刘齐衔官至河南布政使司布政使署理河南巡抚兼提督军门，晋封光禄大夫，还是林则徐的长女婿。两兄弟一同享誉梓里。

　　刘齐衔为官 30 多年，剩下的俸禄全部都寄回家中，再转化为经商资本和土地资本，在流通中获得高额利润。这种以智获利的生财之道，深深影响了刘家。

　　嘉庆至道光年间，刘家第十三世刘照（刘齐衔的祖父）、第十四世刘家镇等先后在光禄坊买下 4 个相连门牌号各三进的大宅子，称"刘家大院"，刘齐衔便出生于此。刘家大院面积 4500 多平方米，4 座连排的大房子，与刘家在刘家大院对面所建的公园一并占了光禄坊的半条街面积，是三坊七巷最大的单姓宅院，也被称为"刘半街"。刘齐衔出仕后，在同治初年买下了宫巷一座三进院落。刘齐衔去世后，他的长子刘学慰又在宫巷买了其他 3 座院宅。刘齐衔的后人大多居住在这里。除了房子外，刘家名下的财产还有福州城内德成、即成、复成的三家典当铺，洪塘科贡乡、福州北门、雷峰山、石仓园等处几百亩的田地，可谓"富甲福州"。

　　刘齐衔有 7 个儿子，分别是学慰、学恂、学性、学愃、学恺、学愉、学忕，称"学字辈"。在刘氏家族的民族工业发展史上，刘学恂是承上启下的重要人物，他善于接受新鲜事物，而且有着明显的冒险精神。1877 年刘齐衔病逝，刘学恂便以父亲留下了的典当业为基础，开设了天泉钱庄，并在福州、闽清、长乐等地开设 4 家典当铺。从开办到 1891 年，天泉钱庄获利达 15000 元左右，是原始资本的一倍半。天泉钱庄对于刘家来说，不仅满足了刘家的几家当铺的资金周转，在刘家创办企业的初期，也是一个重要资金来源保障。之后不久，刘学恂还创办了一家糖厂。但后期由于技术不够精通，设备落后，亏本停业了。刘学恂有 8 个儿子：崇佑、崇伟、崇杰、崇善、崇伦、崇侃、崇良、崇佺。但崇善、崇良早夭，其余 6 人先后留洋归国。

刘崇佑是刘学恂的长子，17 岁时中举人，后东渡日本进入日本早稻田大学学习，攻读法律。1908 年，刘崇佑任福建省咨议局副议长。1911 年 3 月 19 日，在刘崇佑的倡议下，与林长民联合创办福建私立法政学堂（辛亥革命后，改名福建私立法政专门学校），成为福建省最早的私立高等学校，刘崇佑任董事长，社会声望很高。1919 年五四运动后，发生了举国震动的"福州惨案"，天津千余名学生游行声援福建人民。1920 年 1 月 29 日，周恩来等 4 位学生代表遭拘捕，刘崇佑受天津学生联合会邀请，免费为遭到拘捕的周恩来等爱国学生担任辩护律师，4 位学生获得当庭释放。之后刘崇佑资助周恩来赴法国勤工俭学。刘崇佑还是著名的"七君子案"中律师团的首席辩护律师和邹韬奋的辩护律师，为"七君子"获释做出重要贡献。1942 年 9 月，刘崇佑先生在上海病逝，周恩来得知后惋惜道："刘崇佑先生是中国一位有正义感的大律师。"

刘家后人接连出国留学，国外的新思潮逐渐渗透进刘氏家族的血脉中。其中刘崇伦是刘家企业的主要策划者、经营者和开拓者，他曾在日本东京高等工业学校学习电气机械，对电力发展前景十分看好。毕业回国后，刘崇伦曾参加工科进士试，是"电光刘"兄弟中唯一学习电气工科的技术人才。有留洋学识的刘家子弟对海外的新鲜事物充满兴趣，又深受儒家文化和家族文化的熏陶，深谙世道、善于经商，合计着做些实事巩固家业，最终达成一个共识：没有电力就不可能有工商业的未来发展。

电力实业初露峥嵘

1910 年，以刘崇佑为首的刘家四兄弟，在家族会议上决定收购耀华电灯公司，并成立福州电气股份有限公司。

耀华电灯公司在经营半年后，遇到了资金、技术、设备、管理等诸多困难，且没有获得政府的开办批准。他们一方面委托福州警局总办陆子良出面协调，终获政府的批准；另一方面，由当时担任福建银行经理的刘崇伟和刘崇伦邀集陈之麟、林长民等地方名流人士，以 0.8 万元承接耀华电灯公司，成立福州电气股份有限公司，成为当时清朝邮传部立案的全国 11 家电气公司之一。陈之麟，福建漳州海澄人，家住福州仓山万春巷 8 号，毕业于福州鹤龄英华书院，历任福建省咨议局副议长、福建都督府财政司司长、汀漳龙初级师范学堂监督、国会参议会议员，1922 年中美合资创建福建美丰银行，任中方经理，他参与铺设了福建省第一条"盲肠铁路"，创办了许多实业，跟当年许多政治流派多有渊源，是当时福建省具有政治影响的实力派人物之一。林长民，建筑学家林徽因之父，是福州本土的名门望族，毕业于日本早稻田大学，曾与刘崇佑合办福建私立法政学堂，任学堂校长、民国政府内务部参事，并参与制定

《临时约法》，历任参议员秘书长、法制局局长、司法总长、总统府外交委员会委员兼事务主任、福建大学校长等。他最早披露巴黎和会的消息，是五四运动的引爆者。刘家邀请商界名流一起创办电气事业，为其家族企业的发展提供了强有力的支撑。❶

福州电气公司创始资本 12 万银圆，资金来自三个方面：一是刘学恂留下的积累和 1914 年退出典当的股本 16000 银圆，以及股息 1600 银圆；二是刘学恂三儿子刘崇杰在上海商务印书馆当编辑时分到的股票押借 5000 银圆；三是家族人士和亲友筹款。作为福州第一批股份制企业，福州电气公司创办人为刘家兄弟的代表刘崇伟、陈之麟（爱国侨领）、林长民、余建庭、林榕卿，林伯开、林炎记、吴杰记八家股东。按照公司创立之初的约定，每家股东各需交足 1 万银圆，而剩余的 4 万银圆则由各人决定自己的缴纳额。其中刘家出资 4 万银圆，占股本的三分之一，基本掌控了公司。为了扩大生产规模，刘氏举家债并多次发行股票融资，1929 年向中国银行福建分行贷款 60 万银圆购置发电设备；1931 年向中行、中央、交通、农业四家银行组成的银团贷款 16 万银圆，用于长乐县电路建设之需。

福州电气公司成立后，主事的有老二刘崇伟、老五刘崇伦、老六刘崇侃、堂侄刘爱其（骏业），四人均有留学日本的经历。刘崇伟担任公司董事兼经理。刘崇伦是真正精通电气技术的，于是他出任常董兼技师长（即总工程师），负责公司技术发展和管理。刘崇侃留日回国后，也参与其中，主要负责刘家企业财会和总务管理。

---

❶ 王庆鹏. 福州三坊七巷"电光刘"研究 [D]. 福州：福建师范大学，2012.

1910 年 7 月福州电气股份有限
公司创办人合同契约

刘家兄弟及家属于上海刘崇佑家中拍摄的合照

刘爱其留日回国后，受刘崇佑和刘崇伦邀请成为刘氏企业董事、电气公司经理。并先后出任多家企业经理和梨山煤矿的技师长。

1911 年 11 月，福州电气公司建成新港发电所，安装 2 台 150千瓦汽轮发电机组，以 2.3 千伏电压等级向城区 575 户居民供电。❶当时电气公司仅供应电灯的晚上用电，后来随着用户增加，白天也开始发电。福州电气公司陆续在市区的茶亭街、南门兜等路段架设木电杆安装电灯，替代了先前用于道路照明的煤油灯和汽灯。这年的秋天，福州万寿桥、中亭街、仓山和三坊七巷大户人家享受到"神灯"般的电灯照明，夜晚南门戏台子前点上了 15 瓦白炽灯，照得闽剧票友心里暖洋洋。其间常闻闹场的戏台锣鼓声，足足闹场半个钟头，把榕城老街市井的人流吸引过来，茶馆饭庄宾朋爆满、银楼商场门庭若市、行人驻足视为新奇。

在闽籍作家冰心所著的《祖父与灯火管制》中提到："一九一一

---

❶ 束志勤. 福州电力工业志 [M]. 北京：当代中国出版社，1999.

年秋，我们从山东烟台回到福州老家去……就在这一年，也许是第二年吧，福州有了电灯公司。我们这所大房子也安上电灯，这在福州也是一件新鲜事！我记得这电灯是从房顶上吊下

1911 年，福州电气公司新建的新港发电所及运煤码头

来的，每间屋子都有一盏，厅堂上和客室里的是五十支光❶，卧房里的光小一些，厨房里的就更小了。但是总电门是安在祖父的屋里的。祖父起得很早也睡得很早，每晚九点钟就上床了。他上床之前，就把电闸关上，于是整个大家庭就是黑沉沉的一片……为了防备这骤然的黑暗，于是每晚九点以前，每个小家庭都在一两间屋里，点上一盏捻得很暗的煤油灯。一到九点，电灯一下子都灭了，这几盏煤油灯便都捻亮了，大家相视而笑，又都在灯下谈笑玩耍……大家庭是一个整体，而祖父是一家之主。"❷ 由此看来，电灯在那个年代十分珍贵，并非家家户户都有。在冰心家族的大房子安装的电灯，还需要由"一家之主"的祖父来控制电灯的使用。

百业织锦绘榕电繁荣

福州电气公司创立之初，只是供应照明用电，并未对工业企业

---

❶ 指发光强度单位坎德拉，旧称"烛光"，俗称"支光"。
❷ 冰心 . 祖父和灯火管制 [J]. 新作文：冰心少年文学，2014, 000(005):5-5.

进行动力供电，供电方式简单，但其业务量仍呈现激增态势。1911年 10 月—1912 年 7 月，前后不到十个月时间，所供应的电灯盏数从 2051 盏增至 8437 盏（按 16 支光计），用电户数增至 912 户。1912 年结算时，福州电气公司的全年利润为 9977.81 元。到 1917 年公司第 6 届决算时，用电户达 7190 户，灯数达 35073 盏（按 16 支光计）。从员工数量上来说，起始为 110 人，到 1918 年已增至 252 人，全年利润已增至 15 万元。❶

福州电气公司步上正轨后，刘家以电力为核心陆续开设了一系列民族工业。"楼上楼下，电灯电话"，这是当时盛传的一句话，其中的电灯、电话都是刘家的产业。1912 年，刘家接收前清官办电话公司，成立福建电话股份有限公司，刘崇伟任董事长兼总经理。

福州电气公司还有自己的机械工厂，起初工厂设备简单，只能担任公司内部零星修理工作。1914 年第一次世界大战发生后，发电设备所需的配件没法进口，为给电气公司的设备及其用户提供配件支持，公司添置了大批工作母机和许多重要精密器具，设立电气公司附属修理厂，保障电气公司安全供电。到 1934 年，修理厂已经有了相当完善的设备，并且有许多熟练的技术员工，加之当时省内对机械制造的需求，福州电气公司董事会出资 10 万元，将修理厂改组，设立福电铁工厂，独立经营，协助政府、服务社会开展机械制造生产。1939 年，福电铁工厂因为战乱内迁南平，1946 年又迁回福州。

---

❶ 薛菁. 福州"电光刘"企业集团研究 [D]. 福州：福建师范大学，2015.

1916 年，刘氏企业为了推销电力，建立了玻璃厂，专门生产电灯罩和电灯泡。同年，"电光刘"入股参与商人施景辉、张户撤在福州西门外创办的华兴机器制糖公司。该公司不自设原料基地，通过就地向蔗农收购或者承揽加工业务收取加工费的方式运作，办得颇有成效。1917 年，刘氏还设立晋兴碾米厂，使用中小功率电动机碾米。

1919 年，刘家设立冰厂，拥有日产七吨冰的两台机器，主要生产鱼冰和食冰，垄断福州冷冻市场。此外还开设油厂，制造豆油、花生油、和农业肥料。还成立了"大用""同光"电料行，但是当时市场上电料的需求有限，受到营业额的限制，两家电料行于同年停业。

1920 年，经过两年的紧密筹划，刘家兄弟创办了建瓯梨山煤矿股份有限公司（简称梨山煤矿）。煤矿公司的成立，同样是为电气公司服务。在此之前，电气公司发电需要的燃料煤炭多半来自台湾，价格昂贵。为此，刘家兄弟创办了自己的煤矿公司，用部分生产的烟煤掺烧发电来解决燃料的问题，从而控制发电成本。梨山煤矿公司法定股本 24 万元，属于商办股份有限公司，大股东为福州电气公司和刘家私人个人，大致占股本的 80% 左右，公司设立董事会，刘崇伦担任董事长，董事为陈培锟、黄瞻整、罗勉侯等六人，监察人刘崇伟、黄占蜜。梨山煤矿公司生产的是无烟白煤，在当时开创了福建省用无烟煤发电的先例。这种无烟煤比较耐燃烧，但是起火很慢，适合烧瓦斯机，对于福州电气公司使用的蒸汽轮机并不适用。梨山煤矿产出的煤，福州电气公司只能白天掺和使用五成，夜间只能掺和三成。福州电气公司为梨山煤矿的主要用户，每月使用量大致为 300 吨。梨山煤矿所产的煤，除了刘氏企业自用外，还对外销售。但当时社会上没有用煤的习惯，为了打开煤炭的销路，梨山煤矿在京沪等大城市采购各式各样的煤炉，然后由泥水工人仿制煤灶，并且编制印刷了通俗易懂的说明书，指导用户用煤，还派人到煤炭用户处实地指导。经过刘家的一番努力，销路终于打开了。梨山煤矿所产煤炭开始销往一些学校、商店，部分还销往莆田、平潭、南平等福州周边地区，而已有用煤习惯的福清则用量不断增加，少量煤炭还远销上海。梨山煤矿为了实现进一步发展，还开办了矿业传习所专门培养人才。梨山煤矿采用边勘探边挖掘的方法，随着煤炭销路的打开，梨山煤矿的产量也在不断地提升，到 1921 年煤炭产量已过万吨。

除了开办以上业务，1926 年福州电气公司还买下了当时福州最大的锯木厂——建兴锯木厂，采用大型电动机代替蒸汽机操作，从而来增加电气公司的电力销量，同时锯木厂的锯木屑还可以作为电气公司发电的辅助燃料，一定程度上降低了发电成本。1927年，因发电所需的煤炭运输价格上涨、手续复杂、供应不稳定，福州电气公司不愿受日本大阪商船会的制约，成立了刘正记船行。

刘氏开办的一家家公司，都是关乎民生的企业，这些公司的设立有力推动着电力的发展。比如，福州制冰厂的设立推销了电力，其制冰冷冻，市场销路良好；福州油厂的设立也推销了电力，产有大豆油、花生油和豆饼、花生饼等，获利颇丰。梨山煤矿公司的创办，为电力生产提供后方支撑。煤矿开办之初，即购买日本产先进排水机、提升机和一些动力设备，成为福建近代矿业发端的重要基点。

多元化的实业发展，让刘家积累了更多的财富。"电光刘"家族鼎盛时，曾拥有电气、电话、工矿、制冰等 20 多家企业，几近掌控着整个福州的民族工业。

当时福州城里流传着这样的说法：福州有三座最高的建筑，一座是乌塔，一座是白塔，另一座便是刘家的烟囱。[1] 可见刘氏家族企业发展在民国时的福州是家喻户晓的。早在 1912 年，福州电气公司就曾派人勘察古田溪和仙游九鲤湖水力，计划建立水力发电站。然而，在各种政治势力"你方唱罢我登场"的动荡年代里，上述计划没有实现。但通过福州电气公司的这些计划和做法，足以窥见其发展的超前意识，就像民国《华报》的评价："刘家开办的电气公司或许不是福州最有钱的，却是最讲究资本运作且最有经营谋略的公司。"

1919 年 9 月，民国交通部为电气公司颁发了《电气事业执照》，这执照见证了福建民族电力工业的发展。到 1920 年，电气公司成为当时福州最大的民族资本企业，电灯点亮了刘家大院，也照亮了福州城。在福州话中，电灯的方言是"电光"，"电光刘"的这个称号由此打响。1920 年后，福州电气公司的供电技术趋于成熟，由照明用电扩展到动力用电。福州电灯用户与日俱增，1924 年的电灯用户高达 11743 户，拉动糖厂、铸铁厂、木器厂等产业陆续兴盛起来。1927 年装机容量增至 2500 千瓦，工人 800 多人，固定资产达 220 万元，年纯利达 15 万元，成为当时福州最大的民族企业。1932年，电气公司新购一台 3000 千瓦汽轮发电机组，于 1934 年 3 月投

---

[1] 李想. 福州电力与"电光刘"[J]. 国家电网，2006,(08):76.

1919 年福州电气股份有限公司的电气事业执照

产发电。

随着电力业务扩大，福州电气公司影响力逐年提升，1933—1935 年承办了两次全国民营电业联合会年会，向全国同行介绍企业管理经验。

刘崇伦支持刘氏家族子弟出国留学，提升管理层次；注重在经营中培养人才，大胆启用一线技术专工。同时四处网罗技术能人，打造一支精干的企业队伍。1925 年，福州电力公司全部职工中有专门技师 13 人，省内外专门学校毕业者 23 人，其他富有经验的熟练职工也有数十人。刘崇伦利用私人关系联络招聘上海交通大学、浙江大学、同济大学毕业生，边使用边培养，培植、延揽家族外的技术人员，选派高级技术人员赴国外参观、考察，还在公司内设艺术传习所，招收艺徒，培训徒工。电气公司对中上层的管理人员还实行午餐供应制度。刘崇伦利用午餐的时间与公司干部一起交流，了解生产经营情况，及时解决问题。福州电气公司还有给员工发红包的制度，红包内一般附带有评语，公司不允许员工泄露，否则取消红包。这一支技术和管理力量，迅速推动了电力生产经营和长远发展。

电光穿梭亮坊巷

福州的电力供应最初仅用于照明供电，1920 年起逐步开始发展动力用电，应用于碾米、磨粉、制冰等。随着民族工业的兴起，电力供应开始紧张。1914—1922 年，福州电气公司历经三次扩建，先后安装了 1 台 500 千瓦和 2 台 1000 千瓦汽轮发电机，原有的两台 150 千瓦汽轮发电机退役，全公司装机容量达到 2500 千瓦，年发电量 438.74 万千瓦时，用户数量发展到 11743 户，其中 98% 仍为照明用户。到 1920 年时，刘氏家族已建成一条相对完整的电力工业产业链，给"电光刘"带来了丰厚回报：1912 年，电气公司全年纯利为 9977.81 元；1917 年，全年纯利已增至 152787.21 元，约是 5 年前的 15 倍。据 1929 年民国经济报表显示，福州电力企业提前达到 2500 千瓦级的发电水平，在国内民族资本创建的电力企业中，实属凤毛麟角。在刘氏家族的运筹帷幄下，福州电气公司的供电范围，由原来仅局限于台江区南门、上下杭一带，一直向北扩展至晋安区的王庄，南跨城外仓山区的烟台山。

20 世纪 30 年代，南京国民政府陆续颁布一系列促进电力发展的《民营公用事业监督条例》《电气事业条例》《电业法规》等法规条令。改良后的电力工业政策，推动福建大举兴电的热潮，从中心城市到县城集镇，催生电力企业四处开花。据 1923 年《福建白话报》刊论："自电力照明普及后，你看福州城先前冷淡的餐饮生意变红火了，单单聚春园酒馆一天到晚就热闹非凡。"电气电灯事业的蝶变扩展，催动了市区酒馆业的生意兴盛，主要是由于官员应酬、商人谈判，凸显了福州作为八闽省都的综合性功能。

1922 年，福州电气公司与福清、连江县企业家实行联营，成立福清电灯公司和连琯电灯公司，将电力供应逐步扩展到县城和乡村。福清电灯公司为福清城区福塘境侨胞何茂良与福州电气公司合营，双方各出一半股金。筹建一座 77 平方米的厂房，设地面、地下蓄水池，占地面积 0.3 亩，宿舍两座 8 间，购买美产的 75 匹马力大承轮动力机带 45 千瓦柴油发电机 1 台，配电变压器 8 台，线路 1.4 千米、电度表 180 架，发电电压 2.3 千伏。[1]随着福清第一台 45 千瓦发电机的发电，城区开始有了电灯，用户 562 户，多限于供县署、大商号和富户照明，这是福清最早出现的电灯。包灯月电价 1.35 元，表灯每度 0.3 元，动力每度 0.15 元。[2]连琯电灯公司为福州电气公司与连江县卢宗端在琯头镇合办，采用一相二线低压架空送电。

除此之外，福州所属各县或由私人发起或由加工厂兼营发电的形式逐步开启办电，但由于种种原因导致时开时停。

1914 年，连江琯头镇拱屿村倪圣武，购置 46 马力蒸汽动力机一台，10 千瓦煤气发电机一台，创办了连江县首家火力发电琯头电灯公司，供少数街道商店、路灯及居民照明。[3]1924 年，琯头电

❶ 福清市志编纂委员会 . 福清市志 [M]. 厦门：厦门大学出版社，1994.
❷ 何爱先 . 福清电力工业志（1918—2005）[M]. 北京：中国电力出版社，2009.
❸ 连江县地方志编纂委员会 . 连江县志 [M]. 北京：方志出版社，2001.

灯公司与福州电气公司合营，在连江县城关设电厂，装机容量 30
千瓦，供连江县城商业街一带 200 多盏电灯照明用电。1921 年，
商户林振藩、林聿材合资在嵩口开办永泰县第一家光电厂，光电厂
用 6 匹马力木炭机带动 2.5 千瓦发电机一台，发电供给商家照明。
因股东纠纷，该光电厂仅三个月即告停办。❶1924 年，罗源县施肖
瑶购买 5 千瓦 110 千伏直流发电机在塔兜办首家发电厂——仁安火
力发电厂，供县城东门至西门沿街商店照明，安装电灯 100 盏，路
灯 20 盏，城区首次有了电灯照明，每日夜间供电 3 小时。❷1931
年，钱信彰校长主持长乐培青中学校政，利用学校后汾阳溪郭子仪
王爷庙下水碓，进行水力发电，供学校照明，点亮了吴航大地第
一盏灯。1936 年 12 月南屿镇陈岱琨集资创办榕南电气有限公司，
安装 1 台 12 千瓦汽油发电机组发电，直流电压 220 伏，立木杆 35
基，架设 2 千米线路，供南屿街商店和居民照明用电。1950 年 9
月，潭城镇后围村人张述尧在自己创办的私营面粉厂中用 6 马力木
炭机带动小型发电机发电，供 20 余盏 15 瓦电灯用电，点亮了平潭
第一盏电灯。❸ 在电气公司的有力拉动下，福州乡间发展了一批有
别于普通墟市的中心市镇，如商贸较发达的长乐县营前镇、金峰镇
及连江县琯头镇等乡镇。

　　1922—1937 年，在福州电气公司的强劲辐射下，福建省进入
电力发展的"蜜月期"。省内多个县城集镇兴办一批 20~100 千瓦
装机容量的火电厂，并建成若干小水电站。截至 1936 年年末，

❶ 郑炳通. 永泰县志 [M]. 北京：新华出版社，1992.
❷ 游文良，黄宏纲. 罗源县志 [M]. 北京：方志出版社，1998.
❸ 束志勤. 福州电力工业志 [M]. 北京：当代中国出版社，1999.

福建全境拥有了 26 家民营电厂，总装机 6616 千瓦，年发电量超 2000 万千瓦时，电力企业职工约 1000 人，八闽电力工业经历了"短暂的春天"。抗战前的电力事业发展，促进了福州沿海沿江地区初布形成以食业、茶业、纸业、纺织为中坚的轻工业体系。

民国初级电气化推动福州走向城市近代化，在水电路市政支撑下，福州市区面积由清末的狭小老城区扩大为民国的鼓楼、大根、小乔、台江、仓山 5 区，人口逐年增多。随着工业技术革新升级，西式电力电器设备逐步应用到生产生活中。福州电气公司为福州碾米业、茶业、纺织业、纸业等轻工业提供了快速发展的电能，到 20 世纪 20 年代中期，仅大小木材加工厂就增加到 13 家。1921 年，第一台德国造货运电梯安装在仓山元昌绸缎店的四层砖混楼房内，供上下搬运货物之用，开福州使用电梯之先河。电力让民众生活大为便利，家庭照明"上有吊灯，下有台灯"，电风扇、电暖炉、留声机等一些家用电器，纷纷进入鼓楼、台江、仓山一带的富裕家庭。多年之后，福州籍知名作家林那北走进福建电力博物馆，看到福州电气事业的百年历史图文介绍后，由衷地赞叹："当这座城市处处灯火通明，条条道路宽敞有序，千家万户饮用洁净的水，这时我们才能说：福州的命运已然彻底改变。"

民族电业艰难前行

20 世纪 20 年代后期，国民党势力加强对福建的统治，时局动荡、战乱频繁，加之当地封建势力猖獗，民族资本备受压迫。民国政府觊觎电力企业背后的巨大效益而与民争利，致使福州电气公司

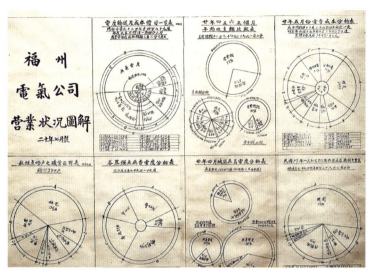

1931年福州电气公司营业状况图解

在迅猛发展到顶峰的同时，也孕育着巨大的危机，福州民族电业上演了"尖峰时刻"。在内外交困中，福建民族资本的发展遭受打击和摧残，军警、特务、日籍浪人及官僚士绅窃电欠费现象日益严重，福州电气公司经营难以维持。1931年福州电气公司收入损失达到48%，其中因遭窃电造成的损失达42%。

由于窃电造成公司的损失严重，福州电气公司不得不通过提高其他用电费用的方式来挽回损失，因此订立了诸多规章制度，例如灯泡专卖、收取屋内设备保险费、交付用电保证金等。福州电气公司规定，凡是定灯者，应向电气公司挂号并签订固定的契约书："先交定洋一元；私自装一个'插头'按50支光计算收费，查获灯座插座式接线头，而未查获灯泡或者电器者，每个以50瓦特计；电表挂在杆上，刻度听凭公司，用户无得而知"等条款。这些规定造成了消费者的负担，加剧了消费者和公司之间的矛盾，在1929

年酿成了市民罢灯事件。❶同时为了降低成本，福州电气公司对电杆电线减少了维护，导致杆上电线老旧，时常发生断线触电事件，并且木杆腐朽，靠近居民住房，存在火灾隐患。窃电欠费、消费者不满、设备年久失修等一系列问题导致福州电气公司陷入困境。

刘氏企业的电话公司同样因遭遇欠费等原因，财务运转困难，公司收益下滑。福州油厂、建兴锯木厂陆续停办。福清电灯公司因偷电严重和燃料成本过高，亏损严重，被迫于1929年停业，同年，连琯电灯公司也因窃电普遍和设备损坏停办。

1929年2月，老大刘崇佑再次主持召开家庭会议，决定解散旧财团，成立新财团。新的财团由新成员平均出资，偿还旧账，将剩余财产进行分配。新财团除了继续运行电气和电话经营外，另确立三项业务方向：一是成立公大商行，专营进出口业务；二是承接电气公司的附属冰厂，改名为成记冰厂；三是改组刘正记轮船股份有限公司❷。这个新财团主要由刘崇伦在运作，刘爱其成为他的主要助手。

刘崇伦是一位较有超前眼光的实业家，为了进一步推广市场，他倡导推动农村电气化事业。1926年起，他就开始探索在农村推广电力灌溉。1928年，他率领技师赴台湾、东京考察新式电气化农场。回闽后，在当时福建省政府主席杨树庄支持下，在公司内设农村电化部，刘崇伦自任部长，制订农村电气化计划，在近郊装设抽水机45台，供447.5马力，从事研究推广使用电力排灌和科学

---

❶ 纪耿钗.论福州近代民营企业的曲折发展——以福州"电光刘"家族企业集团为例[D].福州：福建师范大学，2024.
❷ 刘正记船行后改组称为刘正记轮船股份有限公司。

养畜，进行农业生产改良试验。1931 年，他撰写的论文《福州电气公司农村电气化部之庶绩》在《中行月刊》刊载。他利用电力发展农村经济，这一举措属全省首创，被全国农村复兴委员会所推崇，亦为全国电气行业人士所注目。

即使公司面临巨大的经营困难，刘崇伦仍决心扭转企业危局。1930 年，福州电气公司向社会广泛集资，在排尾兴建第二发电所。通过向中国银行贷款，花费 15.73 万美金向斯可达工厂购买了 1 台捷克产的 3000 千瓦汽轮发电机组，安装在台江排尾发电所。1934 年，福州电气公司装机容量由建厂之初的 300 千瓦增加到 5500 千瓦，占全省发电总装机容量的一半，年发电量为 1033.2 万千瓦时，供电负荷达 3470 千瓦，供电电压等级从 2.3 千伏提高到了 6.6 千伏。新机组投入使用后，改变了原来旧设备烧煤成本高的状况，耗煤减少了，发电增多了，但是因为偷电、欠费的情况增加，电气公司的效益并没有得到好转。当时受资本主义经济危机的影响，福建煤油降价，福州电气公司为了应对竞争只得降价；购买的发电机交货延期，致使借款利息增加，再加上其他一些预料以外的原因，花费超出原先预算接近一倍。最终的结果就是购买安装新发电机不但没有达到原先预想的减少成本增加效益的效果，反而增加了一笔负债。即便艰难前行，刘氏家族仍坚持把电业办下去。为了打击社会上的窃电行为，福州电气公司联合国内同行多方寻求官方支持，促成国民政府发布《兹制定取缔军警政机关部队及所属人员强用电流规则公布之此令》，于 1933 年 12 月 13 日开始实施。1933 年，福州电气公司承办全国民营电气联合会第六届大会，研究制订《电气事业处理窃电规则》，就日本浪人在厦门窃电一事提

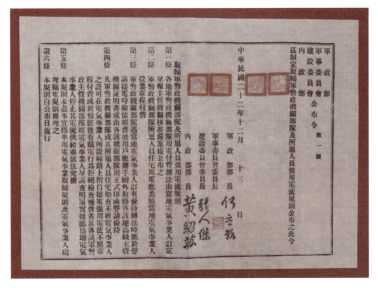

《兹制定取缔军警政机关部队及所属人员强用电流规则公布之此令》

出抗议，随后福建各地电气公司配置专职用电稽查人员，全面展开反窃电工作。

为了继续扩大供电范围，1935 年，在刘崇伦的统筹组织下，福州电气股份有限公司与建设厅签订了售电长乐县莲柄港溉田局计划，架通了福建省首条输电线路——福州—长乐县莲柄港 33 千伏输电线路，供 5 万亩农田灌溉用电。1937 年，日本帝国主义发动侵华战争，福州电力工业遭受严重摧残，甚至出现煤炭供应中断，不得不改烧木柴发电的局面，并且需要额外增加一笔费用来改造烧煤机，使之适用木屑、木皮、木炭等木材燃料。

电力经营再遇挫折

1937 年，抗日战争爆发后，机关企事业单位纷纷迁往山区，居民、商户也纷纷往内地疏散，福州市经济萧条，用电需求急剧下降。因为煤油价格昂贵，窃电现象也有所加剧。福州市私拉电线的现象盛行，甚至有人以代为窃电为业，或窃电转售谋取利益。

窃电现象除了导致收入减少，也无形中增加了电气公司的其他经营成本。福州电气公司虽有装机容量 5500 千瓦，但新港第一发电所的发电机设备陈旧，燃料消耗大，只能作为备用发电机使用。福州人口虽有减少，但夜间窃电行为盛行，导致发电机在白天欠负荷，夜间超负荷运行，常常引起锅炉、机器损坏，增加了额外的维护费用。

1939 年，日军飞机不断轰炸福州，新港第一发电所、排尾第二发电所及当时的莲柄港工程线路先后 8 次遭到轰炸，损失严重。其中发电所被轰炸五次，新港第一发电所损坏特别严重。1939 年 3 月 21 日下午 5 时 2 分，四架日机侵入福州上空，新港第一发电所被六枚炸弹击中，办公室、电表室、锅炉房、锅炉、汽管、风机等都遭受到极大损伤，周边马路被毁坏，附近电杆也均倾倒。4 月 21 日下午，福州电气公司第二次遭到弹击。新港第一发电所内的一个米粉厂发生爆裂，推翻了屋顶和墙壁并波及边上的仓库。福州电气公司对长乐莲柄港的输电变压所被炸倒塌，输电线路全部被炸，铜线被盗，财产损失甚巨。屋漏偏风连夜雨，1940 年福州发生了一次十年一遇的大风，路边的线路被摧毁甚多，令电气公司的经营雪上加霜。

给福州电气公司以致命打击的却是国民党的通货膨胀和苛捐杂税。自从抗战发生之后，国民党政府税收不断增加、名目繁多，加之通货膨胀，木材燃料价格成倍上涨，虽然福州电气公司也曾四次提高电价，但电价上涨的速度远远不及国民党印钞的速度。

1941年4月，福州第一次沦陷。沦陷期间，福州电气公司长乐莲柄港抽水机设备全部被抢，输电线路全部被炸毁，对莲柄港的输电也就此停止了。而沦陷期间营业更为衰落，在日寇枪杆下，又不能不营业，以致负欠甚多。8月，福州光复。9月，福州电气公司向建设厅贷款委员会以1.1分的月息借款10万元，来填补沦陷期间的损失。1942—1943年，公司转亏为盈，但这不足以弥补公司之前的财产损失和营业损失，这其中还包括降低工人工资的部分。1943年，福州电气公司还因停发工人工资发生工人大罢工。

1944年10月，福州第二次沦陷不啻给了电气公司最后一击，沦陷227天，仅发电90余天。福州电气公司年发电量回落到600~900万千瓦时之间。❶抗战结束时福州电气公司财产所剩无几，抗战期间总损失以1945年5月份币值计算估计超过1.33亿元。❷

到1945年5月福州再次光复和9月日本无条件投降抗战结束，福州电气公司的库存材料已经荡然无存，企业满目疮痍。截至1947年，福州电气公司账面总共资金只有830多万元，在当时通货膨胀、纸币严重贬值的情况下，不足以购置、维修设备，更难以吸收新的资本。

难以吸收新的资本，福州电气公司只能借助贷款来解决问题。而当时的全国金融机构早已被官僚资本主义垄断，以此来达到控制民族工商业的目的。由于贷款困难，即使得到银行的贷款，也是很短的借期和高额的利息。1947年年底，四行联合办事处接到命

❶ 束志勤.福州电力工业志[M].北京：当代中国出版社，1999.
❷ 吴旭东.福州"电光刘"企业集团研究[D].福州：福建师范大学，2015.

令，贷款完全停放，福州电气公司向银行贷款的路也被截断。

资金的问题得不到解决，外汇的问题更是无从谈起。因为维修设备的许多配件都需要

福州沦陷期间福州电气公司厂房、锅炉房被轰炸过后的场景

从外国采买。当时的官价外汇只有官僚资本才能取得，民族工商业者想申请外汇很难得到批准。即使有黑市外汇，那价格也是非常高的，凭借当时福州电气公司的实力，也是无法承担的。

燃料问题方面，抗战结束之后，蒋介石政府经济部设立了燃料委员会，负责工业用煤配给。民营企业无法获得供应保证，即使获得了供应，价格也十分昂贵，且因为交通不便，无法得到及时供应。

1946—1949年，福州电气公司的资金、外汇、煤炭来源等问题，都因为四大家族官僚资本早已为民族工商业者布下了天罗地网，一个也不能顺利解决。同时，窃电之风变本加厉，通货膨胀有加无已，物价狂涨，给福州电气公司以毁灭性的打击。刘家在走投无路的情况下，被迫向国民党资源委员会提出合并的请求。1948年3月福州电气股份有限公司与国民政府资源委员会、台湾电力股份有限公司合股经营，改组成立福州电力股份有限公司（简称福州电力公司）。合营后，电力公司营业仍不容乐观，设备出力不足

一半，每晚只能分区轮流供电几小时，福州地区各县电厂也几经折腾，只留下闽清、连江、罗源和闽侯4县有电，合计发电装机容量仅27.7千瓦。

抗战胜利后到福建解放，福建电力工业陷入最惨淡的年代。福州电力股份有限公司虽说是合并，但实际是被官僚资本控制。省内11家电厂先后倒闭，厦门电厂被国民党军炸毁，福建沿海的电力工业体系几乎被摧残殆尽。

烽火护厂迎来黎明

历尽千难成此景，人间万事出艰辛。

1949年元旦后，中国人民解放军三野第十兵团在司令员叶飞、政委韦国清率领下，准备从江南挥师南下解放福建。决心翻身做主人的广大电力职工掀起一场爱国护厂运动。1949年1月，中共中央华东局为加强策反统战工作，派遣闽浙赣省委委员苏华秘密进入福州，指导福建地下党组织筹备迎接解放大军到来的策应工作。2月初，中共福州市委派朱晨等干部到福州电力股份有限公司，发动工人开展护厂斗争，全厂480名工人争相报名加入护厂队伍，一些管理人员也纷纷参与其中，合力粉碎国民党政府败退台湾前妄图破坏各类电力设施的阴谋。

在朱晨的悉心指导下，福州地下党组织召集工人成立护厂队，并委托刘栋业（刘家后人，中华人民共和国成立后任福建省政协第一任副主席）联系到当时居住在上海的刘崇伟一家，开展统战攻心工作，配合工人共同开展"保厂保饭碗"斗争，在电厂周边布起电网，24 小时巡逻，严防死守大楼内的资产档案清册和电力配备。在电厂工会严密组织下，工人们拿起了铁棍、火钩。大家暗中传递着鼓励斗志的话语："看住大门，防人擅入；看好设备，严防破坏；斗争到底，迎接解放！"电力职工冒着被国民党飞机轰炸的危险，坚守生产岗位，使破坏分子望而却步，始终无法得逞。

8 月 17 日福州宣告解放，当晚全城灯火依然，映照着满城的沸腾，这"星星灯火"即是福州电力工人献给新中国成立的一份厚礼。8 月 23 日，福州市军事管制委员会派军代表刘焰接管福州电力公司，整顿秩序，抢修设备、线路，恢复生产。为了提高抢修速度和立杆架线技术，全省电力职工掀起集训练兵、苦练技能活动，随时投入抢修和适应新建设。其后半年多，面对盘踞在舟山群岛的国民党部队的飞机偷袭，工人护厂队进行了英勇的反轰炸斗争，保证了福州电厂的安全，留存了光明的种子。

百年光明耀鹭岛

"鼓浪屿四周海茫茫，海水鼓起波浪，登上日光岩眺望，只见云海苍苍，鼓浪屿海波在日夜唱，唱不尽骨肉情长……"一曲悠扬动听的《鼓浪屿之波》，唱出"海上花园城市"厦门的多姿多彩和闽台情深。

厦门，位于福建省东南部，与台湾隔海相望，厦门寓意"大厦之门"，自古就是海上通商各国的重要港城。东有泉之右臂金门，南有漳之太武，两者互为犄角，地处漳郡之咽喉的厦门，历来为兵家之重。

历史上，厦门曾几易其名，唐代称"新城""嘉禾里"；元朝为"嘉禾千户所"，明朝为"中左所"，明初筑"厦门城"，"厦门"这个地名始载史册。明末清初，郑成功改厦门为"思明州"。1683年，清军收复台湾岛，并于翌年设立台厦兵备道，厦门地名从此固定下来。❶1912 年，成立思明县。1935 年 4 月 1 日，厦门市正式成立，为福建省直辖市。

---

❶ 靳维柏. 鼓浪屿文化遗产核心要素 [M]. 厦门：厦门大学出版社，2017.

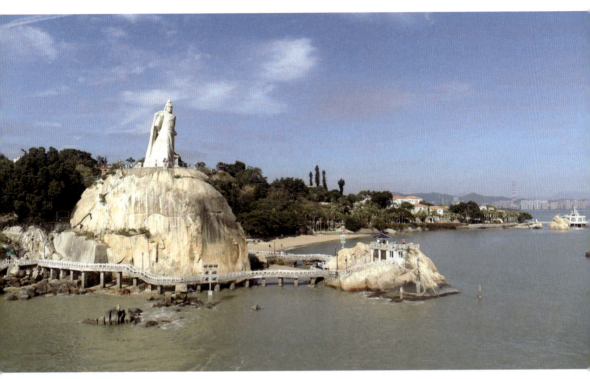

鼓浪屿郑成功雕像

　　四面环海、生态优美的厦门，因岛上栖息众多白鹭而雅称为"鹭岛"。鹭岛之夜、灯火璀璨，海波映月、白鹭归巢，如诗如画、美不胜收。

黑暗年代亮微光

　　据上海《侨声报》记载，民国初期厦门中山路商业街的夜晚流光溢彩，商铺的留声机胶片转响西洋音乐，形成了厦门老商业区的浪漫味道。电力将厦门引入工业文明年代，照亮了市民的全新生活。清末民国，洋人资本、本土资本、华侨资本纷纷涌入，商业的活跃和繁荣使厦门在国内率先感受到近代文明的脉动。

商业的兴盛虽带来城市的繁荣，但因缺乏坚实的市政基础，百年前还称作思明县的厦门，绝无“海上花园”的现代文明风采，被西方货轮船员称为“一片昏暗脏乱的旧城。”

电力与通信，被称为工业文明的重要象征。自 16 世纪起，厦门凭借“航路交通转输便利”，逐渐成为中国南方对外贸易的重要口岸，是物资重要转运站和华侨出入祖国的门户。1842 年，随着《南京条约》的签订，厦门被辟为五个通商口岸之一。19 世纪中叶的鸦片战争后，商业的繁荣为厦门仁人志士发展民族电力工业创造了良机。1900 年的上海《中外日报》报道，厦门地方绅士孙逊筹建电灯厂，但最终未果。[1]1903 年鼓浪屿的英国商人创办电灯厂发电，供外国侨民用电。1908 年，《并州官报》记载了一则未竟之事：林尔嘉邀请叶清池和施范其[2]，招认股本四万元，筹备开办电灯公司。

政治
利民利國之大要旨之莫如銀行銀行之盛衰隱關國本上下遠近聲氣相通聚通國之財
收通國之利呼應甚靈不形支絀其便一國家有大興作種種工程可以代籌其便二國中
各股實行家銀號錢莊或一時周轉不靈諸多窒礙銀行可力爲轉移不至敗壞市面商務
藉可擴充其便三各省公欵寄存銀行需用之時支應與存庫無異而歲時入息仍歸公項
不致被射利之徒暗中盤算其便四有此種種便益上下之情可無虞扞格不通也是民生
國計所交相倚賴者也 闕名
實行試辦郵便貯金 聞郵傳部各堂日昨議定辦理郵便貯金之事將飭交通銀行一律
先行試辦貯金事業以養成國民貯蓄之心而增國富刻正釐訂辦法日內即將通飭各行
遵照辦理
廈門電燈將次舉辦 廈門電燈向未舉辦現由林淑莊邀請葉壽堂施範共招認股本四
萬元就廈港保接待艦隊各處先行敷設業已派人赴香滬二處採 採機器不日當可興
辦
商辦廈門電機有限公司裝點電燈及電扇章程 本公司集成股本擬定本年在廈創設

1908 年《并州官报》刊载厦门电灯将次举办

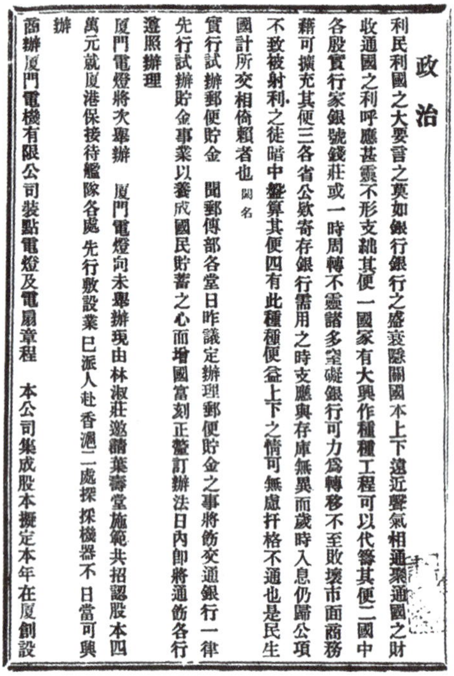

1907 年，在时任总统西奥多·罗斯福的支持下，美

[1] 王兴猷 . 厦门电力工业志 [M]. 北京：当代中国出版社，1998.
[2] 林尔嘉，字菽庄。叶清池，即叶崇禄，字寿堂。《并州官报》截图中，“林淑庄”即“林菽庄”，“施范共”即“施范其”。

国海军派遣一支由 1.4 万官兵、16 艘精锐战列舰和 7 艘后勤保障舰组成的舰队，进行了一次环球"海军外交"。1908 年，一支由 8 万吨级军舰组成的美国舰队，踏上访问中国的旅程。在八国联军入侵后，清王朝对美国把部分"庚子赔款"退还中国、赞助中国教育一事感激涕零，对美国舰队造访可谓倾其所能、空前热情。1908 年 5 月，厦门作为清政府指定的中国唯一接待港口，就开始着手准备接待事宜。修整厦门街道，修葺寺观名胜，搭建彩棚、彩坊，修建码头。商会则招募商户，筹集地方土特产品准备商品博览会。

厦门是台风多发的港口，虽然已是秋冬交替时节，但是演武场面对台湾海峡的风口，用席棚搭建而成的能容纳 3000 人同时赴宴的迎宾馆宴会厅，在 1908 年 10 月 12 日和 10 月 13 日两次被台风摧毁，清廷当局不得不调派官兵突击排险重建。当时，厦门百姓仍在使用煤油灯或豆油灯照明。为把演武场主要迎宾场地临时搭建的规模宏大的会场及景点装扮起来，施工人员安装了 5000 多盏电灯并配置了专门发电机。发电机是派轮船从上海装运南下的，它的电力点亮了厦门历史上的首批电灯。据统计，清政府为这次接待活动花费近 50 万两白银。

1908 年 10 月 30 日上午，美国舰队第三、第四分队共 8 艘舰船到达厦门港，开始为期 6 天的炮舰外交秀。军机大臣毓朗、外务部尚书梁敦彦等清政府官员站在演武场彩楼旁，隆重迎接来访的美国舰队。南北洋海军总理兼广东水师提督萨镇冰率领海圻号、海容号、海筹号、海琛号 4 艘巡洋舰，以及飞鹰号驱逐舰等 6 艘中小舰只出港迎接。

当晚，毓朗、梁敦彦等朝臣在厦门演武场的宴会厅宴请美国舰

1908 年清政府赠美国"大白舰队"❶ 的双旗景泰蓝花瓶（照片摄于鼓浪屿历史文化陈列馆）

队司令伊摩利将军及官兵代表。摆设的是西式的长台，上方饰挂彩带，为美国大兵营造"宾至如归"的氛围。清政府向美国舰队各舰赠送大小银杯各一件，大件赠本船，小件赠舰长，杯体用中英文镌刻："大清国政府特赠大美国 × 船 × 船主以为军舰到华之纪念"的字样。而到访的海军士兵则获赠景泰蓝花瓶。

为留住中美第一次和平外交佳话，这项奇特的活动被镌刻在南普陀寺后山摩崖之上，一百年间供后人鉴评。镌刻原文为："光绪三十四年冬十月，大美国海军额墨利❷提督座舰路易森那号、乏瑾昵呵号、呵海呵号、咪率梨号全石乐达提督座舰喊士肯车心号、伊令挪意司号、肯答机号、凯尔刹区号来游厦门。我政府特简朗贝勒、梁侍郎、松制军、尚方伯、海军萨提督带领海圻、海容、海筹、海琛四舰及阖厦文武官绅在演武亭开会欢迎，联两国之邦交，诚一时之盛典，是则我国家官绅商民所厚望者也。"❸

彼时，电灯线路从思明南路一路架设至演武场，由于遭遇台风的侵袭，所架设的临时线路被严重破坏。尽管如此，经过一番紧张

❶ 此次美国舰队一律漆成白色，史称"大白舰队"。
❷ 即前文提到的"伊摩利"，当时译为"额墨利"。
❸ 厦门市历史影像研究会. 厦门记忆 [M]. 厦门：鹭江出版社，2016.

南普陀记载 1908 年美国海军舰队访厦的摩崖石刻

抢修，电灯最后还是亮了起来，让厦门市民第一次看到了电力照明的模样。❶

"厦门首次点亮的这盏电灯不是为了城市发展，而是为了西方帝国的舰队官兵的临时照明，这不得不说是一种屈辱，但也刺激厦门民族资本家奋力发展电力工业。"2014 年，当回望这段电力亮灯历史时，原厦门市文化局局长、厦门大学兼职教授彭一万感慨道。

鹭岛电业艰难发端

厦门电灯公司的兴办，是时代前进的必然产物。

❶ 洪卜仁．黄世金生平事略 [M]．厦门：厦门大学出版社，2010.

　　鸦片战争以后，鼓浪屿成为公共租界，海关为外国人所把持，外国商业资本迅猛侵入，外货源源涌进，洋行、银行也接踵开办，一些民族资本家纷纷独资或集资经营工商业，市场日益繁盛。民国早期厦门有两个电力企业，一个是民族资本家开办的厦门电灯电力股份有限公司（简称厦门电灯公司），另一个就是英国人把持的鼓浪屿韦仁电灯公司（简称韦仁电灯公司）。

　　自古以来，厦门人为拓展家业，多方营商，有到南洋一带打拼创业的传统。近代闽南侨商中不乏佼佼者与杰出代表，他们以祖国和民族利益为重，奔走呼号、上书请愿，团结同乡、筹措款项，其爱国精神溢于言表。如孙中山先生所言："侨商既多富庶，识见亦颇开通，尤能广集资本，创办实业。"厦门侨商富而思源、富而思进，他们不愿看到家乡公共事业被西方殖民者把控，希望以实业发展报效桑梓。

　　鹭城实业家和爱国侨商紧抓商机，迈上坚忍发展的创业之路，这其中就有绅商陈祖琛。1911年2月，陈祖琛儿子陈耀煌从北京高等实业学校电气专科毕业，对电的知识技能有深入的了解，认为厦门系海丝通商贸易之地，大规模城市开发是必然趋势，如能设立电灯公司，大有发展前途。受到儿子建议的启发，陈祖琛邀集富绅巨贾黄庆元、吴荣甫、沈锦亭、叶鸿翔等人筹资15万银圆，决定开办电气企业，由陈耀煌、黄庆元分任正副董事长，呈清政府农工商部核准注册。企业获准专利20年，期满得申请续办，定名为"商办厦门电灯电力股份有限公司"，于1911年启动运营筹备工作，经多方实地勘测后择厦门港沙坡尾建发电所。

　　古语说："万事开头难"。沙坡尾发电所在规划和勘测期间，

商办厦门电灯电力股份有限公司

就遭到当地居民的强烈反对。原因在于沙坡尾是由厦门海流带回的沙粒堆积而成的一片沙滩，尽管面积有限，却承载着深厚的历史与文化。该地不仅有一座渔民们敬重的龙王庙，旁边还设有供渔船避风停泊的船坞，对渔民而言至关重要。周边居住着不少居民，他们与这片土地紧密相连。建设发电所意味着要拆庙毁坞，这对渔民和当地居民而言是难以接受的。当时，厦门马路尚未开辟，沙坡尾离市区1公里多，选择在这里建发电所距离市区较近，供电线路较短，可节省大量资金。陈祖琛、黄庆元等人为解决这一问题，一方面请官府协助做工作，一方面与当地居民谈条件。最后，双方达成协议，厦门电灯公司招收当地居民到发电所做工，发电所建成后，优待居民生活电费。同时，在发电所旁边重新建一座龙王庙，当地居民这才同意在此处建发电所。

后发而起的厦门民族电力工业，在企业统筹中存在着诸多先天不足。据《厦门电力工业志》记载，1911年厦门电灯公司筹建时，因缺乏实际经验，电厂安装机组要到天津、上海聘请洋人技师和国内技工，同时还要向腐败的官厅行贿酬酢，筹集的 15 万元资金不到一年已花去大半。1911 年 10 月武汉爆发辛亥革命，清政府风雨飘摇。同年 11 月，彼时的福建军政府光复厦门，厦门电灯公司在隐忍艰难中蹒跚起步。

因资金筹集不足，工程几次陷入停工危机。为了早日把电厂建成，陈祖琛再次向股东商议筹添股本，又凑足 5 万银圆继续开工。1912 年，福建交通司正式发给营业执照。当年 12 月，陈耀煌因病去世，黄庆元任董事长，曾碧溪继任工程师。首期发电设备较为简陋，只安装一套美国造 750 马力蒸汽发动机带动 500 千瓦发电机组。1913 年 11 月 20 日，厦门电灯公司以 2300 伏发电机电压输出，经配电线路上的变压器降至 220/110 伏电压向用户供电，正式发电营业。由于发电所规模小、成本高，造成电价昂贵，用户主要是政府机关、洋行、大公司、娱乐场所和一些较富有的人家，一般市民用电的不多，路灯的照明也仅限于几条较大的街道。电灯总数 1.5 万余盏，但厦门电灯公司无利可图，市民也多有怨言。❶ 次年，工程师曾碧溪因病去世，张子贞、孙世赞等先后继任该职，董

厦门电灯公司内部摄影（图片摘自 1914 年《电气》杂志）

---

❶ 王兴献. 厦门电力工业志 [M]. 北京：当代中国出版社，1998.

事长则由黄庆元蝉联。自此，厦门电灯公司终于走出"摇篮"时期的混乱和阴霾，艰难步入正轨。

黄庆元为扩大公司规模，倡议扩充公司股份，增加股金40万银圆，使公司的总股金达到60万银圆，每股40银圆，共15000股，黄庆元投资最多，陈祖琛位居第二。❶1922年下半年，电力生产规模加大，发电设备升级为800千瓦机组，厦门电灯公司所辖供电线路延长，供电范围扩大，业务有了很大发展，技术员工、业务人员增至五六十人。发电所设有工程师、主任、技术员、领班、工人等岗位，职务上又分为发电、锅炉、输供电、机修、庶务。办事处除董事长、常务董事、监察董事外，业务上有经理、业务、会计、总务、材料、抄表等部门。此后，黄庆元等侨商不断倡议扩股增资，增添设备，供电范围不仅遍及市区，还扩至郊区。厦门商务总会会长、台湾实业家林尔嘉也力促电灯公司加快扩容，发动岛内商家联手建设电灯事业。

20世纪20年代以来，南洋各地土特产涨价，侨汇增多，厦门第一条马路开元路工程完成。商业日益发达起来，用电户数不断增多。黄庆元经营管理有方，厦门电灯公司事业蒸蒸日上，盈利显著增加，股票市价最高时达到原始股价的3倍，公积金存量达到14000多元，溢利暂存款达到27万多元，黄庆元的经营方法得到了股东的赞赏，其在企业的影响力也不断提高。

随着城市基础建设的大规模开展，原有发电厂房设备均跟不上形势的发展。此时，有商业智慧的黄庆元，已笃定电力事业会推动

---

❶ 洪卜仁.黄世金生平事略[M].厦门：厦门大学出版社，2010.

社会生产力的变革与发展，且随着时代的不断发展，民众日常生活处处离不开电，没有电，或许人类的发展就将陷于停滞。因此，他矢志不渝地坚持发展电力事业，始终竭尽所能推进电力发展，为电灯公司的发展大业确定了方略。

为扩大厦门电灯公司生产规模，黄庆元毅然向众股东提出："人口激增华侨纷纷来厦建筑房屋，华侨来厦投资甚盛，出入口为数甚多，外国银行、洋行代理商、工厂、医院等越来越多，人口突增数万，申请用电者纷至沓来。现有 800 千瓦发电机无法应付，必须增加发电设备，并将计盏收费改为计度收费、扩充股份。"这些提议自然得到董事会和股东大会的支持。厦门电灯公司于是再向德国西门子公司购置一套 1500 千瓦汽轮发电机组，于 1926 年安装发电。

1927 年 5 月，福建国民政府成立后，全省实行省、县二级地方政制，厦门道被撤销。此时海军总司令杨树庄兼任福建省政府主

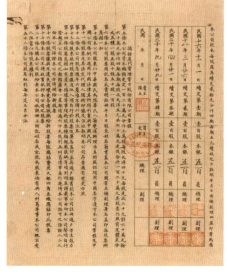

商办厦门电灯电力股份有限公司股票

席。在杨树庄的支持下，福州籍官员林国赓出任厦门市政督办公署督办，聘请周醒南主持厦门市政建设。

1928年，厦门市政掀起新一轮建设高潮，引来商家投资商业，因来厦工人很多、华侨出入境频繁，电灯公司营业迅速扩展，获得利润更大。1929年，为提高路灯设施安全稳定性，市区配电线路木杆逐步被水泥杆所取代。随着供电需求持续扩大，厦门电灯公司再吸收侨资股本20万元，于1933年向美国通用电气公司购买一套1500千瓦汽轮发电机组，合计发电容量为3800千瓦，供电范围扩展至郊区，南至曾厝垵，东至文灶社，西北至沿海一带。❶ 由此，厦门电灯公司步入发展的全盛时代。

在厦门电灯公司发展的同一时期，由著名侨领陈嘉庚先生创办的集美学校，其自备电厂也为教育事业点亮了灯光。1918年5月，集美学校为改善教学和生活条件，在校区东沦智楼东南隅（现钟楼边）设立发电厂。电厂占地6770平方米，安装英国产50马力卧式油渣（柴油）发动机配18千瓦交流发电机一套，以220伏电压供电。20世纪20年代后期，电厂又添置11马力立式油渣（柴油）发动机配5千瓦直流发电机一套，专供普通中

電燈廠概况

本校电灯厂建筑，始于民国十五年冬季，装置发电机（计二十四基罗丸特）及黑油引擎机（计四十二马）各一，於十六年五月装设告竣。约于是年六月一日开车，所有本校之化学生物两所博物映雪本贤集美同安窦篇打等楼及城北关内外之教职员住宅，所用电灯均由本校供给，前蒙益楼及全校所有电灯，仍仰给于厦门电灯公司。自去年一月始，先後将外来电源取消，全校电灯约千二百盏，均由本厂供给，查本校开办以来所用之电，可计数约十万以前，最省一半，现在本校图书馆煤汽厂颇不敷用，短期间内须增加电灯能之处也。以补不足。此本厂业轻最重者也。近於该院大楼面另再引擎者一，以补不足。目前所有机器顷已装配就绪，将来俟另招学徒数人以资学习。

裂草廠概况

三二

1929年《厦大周刊》刊载的电灯厂概况

---

❶ 资料来源：1991年由福建省电力工业局史志办公室组织，王应时、唐文潮编写的《福建电力工业资料选编》。

学及美术馆用电；交流发电机则供水产、商业、女中、幼师等各专门学校，以及图书馆、科学馆、医院及教职工住宅用电。此间，全校照明电灯共 150 盏，每天从下午 5 时至晚上 9 时 30 分供电。其时电厂共有职工 4 人，隶属学校总务处，月平均开支 450 银圆。集美学校发电厂的设立，大大改善了学校的教学条件。❶

继集美学校之后，陈嘉庚先生创办了厦门大学，于 1926 年在校内建电灯厂，安装发电机组，次年投入运营。过去依赖于厦门电灯公司的照明，逐渐由校内电力所替代。自校内电灯厂供电以来，厦门大学各教学楼及教职工住宅电费节省近半。随着学校不断发展，图书馆、煤气厂等新建项目亟待更多电力支持。为此，校方计划投入新发电机组，以应对日益增长的用电需求。

集美学校与厦门大学建设电灯厂自立自强的精神，不仅点亮了校园的每一个角落，更为中国近代教育史增添了辉煌的一笔。

企业在夹缝中生存

民国前期的厦门电灯公司发展，可谓是"在官家和社会的夹缝中"求生存，需要应对不少难以预估的社会风险。

每当公司生产经营遇到困难，作为公司董事长的黄庆元，不仅要维持公司的业务发展和股东的利益，保证城市正常用电，还要面对来自各方面的干扰。首先面对的一个严重问题是偷电欠费，其次是当局的勒索等。在厦门电灯公司开始营业时，即存在偷电现象，

---

❶ 王兴献．厦门电力工业志 [M]．北京：当代中国出版社，1998.

有些人采取私接电而不交费，改用电表按度计费后，这一问题更加严重。偷电者主要有三类人：一是公司内部人员与用户勾结，私自替用户接线从中渔利；二是日籍台湾浪人，这是最为严重的一种，日籍浪人依仗日本驻厦使馆，大肆偷电，甚至公然拒交电费，殴打收费人员；三是地方流氓势力，他们不但自己偷电，或者用电不交费，而且还把偷来的电转卖他人，收取电费。除此之外，地方军政机关及其官员用电也不交费。

窃电给厦门电灯公司带来严重的损失，如 1934 年 11 月 8 日《华侨日报》报道："……福州、厦门电灯公司皆受恶势力者偷电无法取缔之痛苦，而厦门尤甚。查厦门电厂每月发电达 80 万度，而抄电度不及 20 万度，每月收入 30000 余元，煤炭一项已须 15000 元，可见营业之困难。"1936 年 2 月 12 日《江声报》报道："……该公司……自民国 19 年以后，各股东未得红利者，已历四载，股票只值四折……公司每月发出电力约 80 万度，而收入电费只 15 万度而已，公司每月收入 30000 余元，而开出者煤炭每月需 1100 吨，价万余元……"。1934 年，全国民营电气联合会第六届大会在福州召开，会议支持厦门电灯公司抗议日籍浪人的偷电行为。与厦门电灯公司相同，厦门自来水股份有限公司也遭遇严重的偷水、欠费问题。对此严重的偷水、偷电现象，特别是日籍浪人的偷水、偷电行为，地方官府不采取任何措施。两公司最终不得不妥协，由担任厦门电灯公司董事长和自来水公司副董事长的黄庆元亲自与日本驻厦领事馆交涉。随后，日本领事指派了一个叫三井文八的日本人，作为厦门电灯公司和自来水公司的特别代表，专门负责处理涉日人员水电费收缴事宜。尽管如此，偷水、偷电及欠费问题依然猖獗。为了维护公司利益，黄庆元代表公司积极应对这些问题。令人痛心的是，日后却被当局以此为由，罗织罪名，指控他为汉奸。

除了窃电欠费外，厦门电灯公司还需面对来自政府的压力，尤其是地方当局的不当勒索行为。作为工商业坚实后盾的厦门市政府，未能有效维护公司的正常经营和利益，反而在电费上少交费甚至不交费，还把公司当成勒索的对象。如当局要求把公司股金的利息转给他们买枪，厦门电灯公司无奈只能妥协，满足其要求，每月挪500元送给市政府；又如，当局借口征收公地使用费，向厦门电灯公司索要款项，此类等等。正如厦门自来水公司在其报告中所说："本公司每年须纳款巨万，电灯、电话两公司仿佛相同，殊为苛刻。"城市路灯照明是市政建设的一个部分，企业收费供电，政府用电付费，路灯用电费用理应由政府负担。但是，市当局政府并不愿承担这项费用，只是一次性按8元每盏发给厦门电灯公司安装费，以后供电全由厦门电灯公司负责，政府再不管。1934年，市政府又把每盏8元的安装费减为5元。厦门电灯公司实在无力担负全市街道路灯照明的巨大开支，屡屡向市政府交涉，要求其支付路灯照明费用，但市政府拒不承担，不得已，1936年7月，黄庆元呈请福建省政府，要求相关部门帮助解决市政府缴交路灯电费。市政府在接到省政府的训令后，仍然不予办理，而是以"本市公地使用费尚未开征，而市款又属支绌，历任均未拨付"为由进行辩解，路灯照明用电费用始终不得解决。

一般用户欠费拒缴电费也是常事。1937年春，厦门电灯公司与厦门米业公会的长益源、新盛等商号因大量欠费发生纠纷，黄庆元不得已在省、市政府间往来奔走。诸如此类，为了保证公司正常

运转和股东利益，作为公司董事长的黄庆元，不得不花大量精力在各方面往来周旋。❶

　　然而，时局动荡，厦门电灯公司亦难逃历史洪流的重压，累积的问题与困境犹如沉疴痼疾，难以轻易根治。黄庆元虽以其非凡的才智与不懈的努力，力图引领公司走出困境，但在此复杂局势下，重振厦门电灯公司的道路显得尤为崎岖且充满挑战。

租界电力的峥嵘年代

　　与商办厦门电力电灯股份有限公司几乎同时起步的，是鼓浪屿英属韦仁电灯公司。

　　鼓浪屿位于厦门市西南隅，面积约 1.88 平方千米。鸦片战争后，西方列强相继在这个美丽的小岛设立领事馆。鼓浪屿以其特殊的地理位置、社会和政治背景，在百年历史中，一度形成"多国共管的体制和社会管理模式"，成为当时世界范围内汇聚各国文化最密集的地理单元之一。1902 年，鼓浪屿沦为"公共租界"。

　　1913 年 1 月 6 日，英商韦仁洋行与租界工部局订立开设韦仁电灯公司契约，在如今的晃岩路 18~20 号设立办事处，注册资本3.7 万银圆。发电厂建在海后路中段，占地 4987 平方米。首期安装1 台 120 千瓦柴油直流发电机组。同年 8 月 29 日试发电，9 月 10日，以 220/110 伏配电电压开始供电营业，主要用户为外国侨民。

　　韦仁电灯公司发电机组陈旧，经常发生因设备故障和管理不善

---

❶ 洪卜仁 . 黄世金生平事略 [M]. 厦门：厦门大学出版社，2010.

造成的停电，引起用户不满。1917 年年底，韦仁洋行将鼓浪屿电灯专营权转让给上海英商礼昌洋行。礼昌洋行派工程师麦肯那负责接管，易名礼昌电灯公司，把办事处迁到主利大药房（现晃岩路 2号）楼上。不久，礼昌电灯公司经理兼工程师职务由英籍犹太人韦士接任。1918 年，发电厂增装 1 台 125 千瓦柴油发电机组，供用电矛盾有所缓和。1925 年 11 月，青年大学生叶清泉路过晃岩路，无故遭韦士杖打，并被巡捕抓到工部局。群众见状十分愤怒，纷纷赶来围住工部局，严厉谴责帝国主义的侵略暴行。巡捕鸣枪示威，但群众毫不示弱，坚持抗议。❶厦门第一个共产党员、福建省第一个党支部书记、厦门学生运动和工人运动的领袖罗扬才等人立即发动工人罢工、学生罢课，许多商店也纷纷响应，拒绝向外国人售卖商品，鼓浪屿人还要求收回被外国人接管的电灯公司。厦门各报接

鼓浪屿中华电气股份有限公司发电厂地址平面图

---

❶ 王兴献 . 厦门电力工业志 [M]. 北京：当代中国出版社，1998.

连载文谴责帝国主义的罪行。罗扬才等代表学生与英领事谈判，提出四项要求：一、驱逐韦士出境；二、韦士登报道歉，并在出事地点当众道歉；三、不许洋人再有类似侮辱中国人的事件发生；四、电灯公司应交还中国人自办。各报社发表声讨文章，斗争持续了数天，迫使英国领事馆答应，将韦士在登报道歉后逐出鼓浪屿。❶"韦士事件"后，厦门人民反帝情绪日益高涨，礼昌电灯公司遂将产权转让给香港汇丰银行所属的香港电灯公司，并更名为鼓浪屿电灯公司。1926 年年底，电厂又增添 1 台 150 千瓦柴油发电机组，全厂装机容量达 395 千瓦。次年，英商厦门和记洋行向汇丰银行购买鼓浪屿电灯公司。和记洋行经理史密斯兼任电灯公司经理，聘请留英回国的王清辉担任工程师职务。

1928 年，面对厦门民众"收回租界、争回电灯权"的强烈呼声和长期不懈的英勇斗争，鼓浪屿工部局出于无奈，以公开招标形式决定电灯公司经营权。而后以林富阁、吴鸿熏、卓全成、丁玉树为主的侨资商团集资 20 万银圆，于 12 月 21 日正式成立鼓浪屿中华电气股份有限公司（简称中华电气公司），由林富阁出任董事长。董事会聘请林芳苑担任经理，王清辉留任工程师，从此结束了外国人垄断鼓浪屿电气事业的历史。1929 年春，中华电气公司发行股票 2000 股，整修设备，制订新的营业章程和管理制度。

1932 年，黄省堂出任中华电气公司经理。次年 10 月 13 日，黄家渡枋屋住户赖领家失火，殃及四邻，发电厂厂房及 1 台 125 千瓦发电机组被烧毁，损失 3 万元，全岛供电中断 7 天。21 日，经抢修

❶ 郭启宗. 罗扬才传 [M]. 北京：中央文献出版社，2011.

鼓浪屿中华电气股份有限公司电费通知单

恢复供电。同时股东会议决定在维持日常发电的同时，迁址新建发电厂，当时资产为 20 万元。1934 年 5 月，中华电气公司迁建到康泰垵，新发电厂厂房占地 3800 平方米。除了原有的 2 台发电机组，又购置 2 台英国产的新机组，全厂发电机组共 4 台，装机容量 600 千瓦。7 月 1 日，新电厂正式发电，全部机组统一改为交流发电，输电电压升至 2300 伏，配电电压为 380 伏和 220 伏，每日下午 6 时至晚上 11 时，开动 2 台机组，每月发电量平均为 3 万千瓦时，每千瓦时耗油在 0.37~0.55 千克之间，最高负荷 427 千瓦，线损率 40% 左右，当年发电量为 36.8 万千瓦时，鼓浪屿电力供需首次出现平衡局面。❶

电力推进城市崛起

1920 年，林尔嘉、黄庆元、黄奕住、洪鸿儒等商人与厦门海军官僚、地方商绅组成厦门市政会，力争将水电路事业发展权挽回并掌握在国人之手。❷

电灯电气公司成立后的二十年间，厦门这个东南港城数次扩建

---

❶ 王兴献．厦门电力工业志 [M]．北京：当代中国出版社，1998.
❷ 洪卜仁．黄世金生平事略 [M]．厦门：厦门大学出版社，2010.

升级，电力发展与城市开发基本保持同步，保证了经济社会快速发展的用电需求。

在市政基础保障下，厦门在"闽南金三角"城市群中快速崛起，成为中国的第一批沿海工商业中心。电灯电力公司、电话公司、中南银行、上李水库的建设等，都凝聚着厦门爱国华侨的心血。所有这些都显示，华侨利用自身谋生赚取的海外利润反哺家园，带动厦门市政更加完善，树起了文明鹭城的近代国际范。

1913—1937 年，由于电力支撑了近代厦门的城市生活生产，鹭城逐步从一个昔日的荒岛蜕变成为中外闻名的滨海名城。水电条件逐步完善后，厦门显现出一派欣欣向荣的"新城"景象。20 世纪 20—30 年代，厦门旧城改建使城市面积增至 110 平方千米，人口达 26 万人，公园、市场、码头、堤岸，文化娱乐场所和公共卫生设施等一应具备，成为"东南数省之冠"。1935 年，国民政府福建省政府撤销思明县，设立厦门市。

在城市近代化进程中，厦门大量华侨返乡参与投资建设。侨资实业的良好发展，使城市集聚效应不断放大。沙坡尾电厂周边建起了水产加工厂、冷冻厂、船舶修理厂，电厂、冷冻厂两个厂区的烟囱成了当时厦门港的一道风景线。1926 年，厦门市政督办公署加快改造老城区，建成"四横一纵"主干道与街区，有力促进了城市文化与商业的繁荣。电影逐渐融入市民生活，厦门中山路、大同路、思明南路等街区繁华至极，被誉为东南沿海"不夜城"。同英布店、聚宝银楼、华侨银行等商铺竞相装饰一新，店堂内外华灯四射，橱窗流光溢彩，将商业街映衬得如同白昼。

"电"风劲吹鹭岛。电气生活方式加深厦门文化扩展的空间，从

20 世纪 20 年代开始，初期仅在大户人家出现的电灯照明，逐步在普通百姓家中广泛使用。这让鹭城的市井生活增添了更多的内容，城市夜晚呈现出不同于白日的另一种景象，斑斓的灯光不仅渲染了城市的繁华，更极大增添了诸多生活趣味。"夜生活"的概念随之产生，人们的时间观念得以扩展，生活方式也相应改变。1929 年开明戏院、思明戏院陆续开张，每夜上映的美国好莱坞大片"一票难求"，吸引一拨电影看客为之着迷。跳舞、看电影、喝咖啡等西方娱乐文化风靡厦门全岛。中山路边商铺的唱机胶片里，响起"金嗓子"周璇的《何日君再来》，与骑楼建筑群汇成了闽南街区的古早味。

电灯照明，改变了人们的生活方式和思想观念。电灯是现代酒店的标配。在这一特殊背景下，厦门海后路上的大千旅社（现春光酒店）成为一处高档消费场所，其客房内部的布置包括：整洁、盖着绸面鸭绒被的英式床，装有镜子的大衣柜，电灯，配有冷热水龙头的盥洗室，床头小桌和桌上红绸罩着的小灯，舒适的安乐椅等。这种酒店风格又与当时的社交、学术与休闲发生多重关联，军政权贵群学时髦，频繁往来于大千旅社，为外人点缀风景，构建出独特的城市文化空间。电灯照明的延伸扩展，促进了消费文化的升级。20 世纪 30 年代，鹭城雅士乐于开展书画创作交流，常以大千旅社招待艺友为夜生活时尚。

伴随着西方电力技术的更新换代，鼓浪屿的电灯公司也采用西式电灯照亮音乐岛的夜晚。1935 年鼓浪屿工部局预算决算之贷借对照表上显示，路灯年支出达 4327.25 银圆，彰显了工部局对道路照明的重视，不仅美化了夜景，还改善了治安环境。在此城市建设中，《鼓浪屿工部局律例》发挥了关键的规范作用。该律例严格规定了招牌的设置，要求凡有招牌，须离公路 7.6 尺之高，其牌不准侵入公路 3 尺，并不准其遮蔽公路之电灯。对于旅馆则明确要求凡夜间贸易之时，其大门须燃电灯。这些条款的出台，不仅保障了夜间照明，提升了夜间营业场所的辨识度，也进一步推动了鼓浪屿夜间经济的繁荣与发展。至 1939 年，鼓浪屿共安装路灯 333 盏。❶

鼓浪屿别墅现存百年前琉璃吊灯

走进鼓浪屿别墅，电灯装饰别具一格，尽显民国年代的小资格调。在 2018 年厦门市举办的"琴岛灯语"展览会上，展出的十多件近代灯具线条优美、雕纹别致，灯具上每个调节开关都有别出心裁的点缀图案或纹饰，折射了西方电气灯具技术的变迁，展现了西方文化融入鼓浪屿城市生活的过程。电力灯火让鼓浪屿弥漫着欧陆气息，海内外多元文化不断在此碰撞、交融和传播，具有东西方文化多样性的近代化国际社区逐步形成。

灯火璀璨的近代厦门，吸引了海内外学者大儒和文化名流到厦门采风讲学。1926 年 8 月—1927 年 1 月，鲁迅先生应老友林语堂（时任厦门大学国学系主任）之邀，就任厦大国文系和国学研究院教授。对于繁华亮丽的民国厦门，鲁迅先生在散文《三闲集·怎

❶ 夏长文. 厦门市思明区志 [M]. 北京：方志出版社，2017.

么写》中有着如下的绝美描述："秋天夜九时后，一所很大的洋楼里，寂静浓到如酒、令人微醺；一粒深黄色火，是南普陀寺的琉璃电灯。前面则海天微茫，黑絮一般的夜色简直似乎要扑到心坎里。"

电力工人的激勇抗争

电力兴业，赤心逐梦。

近代福建民族工业发展史，是一部中国共产党领导下的工人阶级寻求真理、寻找光明的斗争史。中华人民共和国成立前的产业工人留下宝贵的斗争精神，激励着福建一代代企业职工为光明事业接续奋斗。这其中，全省涌现出一批早期电力工人革命家，其中以罗扬才、杨世宁、李松林等为杰出代表。

回首第一次国内革命战争时期，羸弱不堪的民族工业在夹缝中求生存，一度在漫漫长夜中挣扎。其中，厦门电灯公司工人开展"二五加薪"斗争最为热烈。据《厦门电力工业志》记载，20 世纪 20 年代，厦门市政建设和工商业日益发达，吸引民族资本家和华侨投资扩展电力事业。1926 年，厦门电灯公司 1 台 1500 千瓦的机组投产，供电范围扩大到全市区及近郊。当时，厦门电灯公司平均每月发电量 40 余万千瓦时，电费收入 1.8 万元左右，职工总数 200 人左右。

厦门发电厂旧址民族路 86-1 号碑文

1919 年之后，电灯公司在生产规模和营业收入上涨的同时，工人收入待遇却并未得到相应改善。职工人均工资一直维持在 10 元左右，电厂的工人们在设备很差的车间里，每天劳动长达 10 多个小时，由于当时缺乏必要的防护措施，他们酷暑时在锅炉前炙烤，严寒时在高杆上受冻，有的工人钻入炉膛抢修被热气闷死，有的在杆上接线被高压电流电死，生命安全毫无保障。

1925 年，当时还是共青团员的罗扬才、杨世宁，就来到厦门电灯公司开展活动，并到工人家中宣传革命道理。1926 年 10 月，罗扬才发动电灯公司、电话公司和电报局工人，联合成立电气工会。工会成立后，一场"二五加薪"罢工运动首先从电灯公司开始。

罗扬才带领工人代表向厂方提出增加工资、改善劳动条件的要求。工会写信给时在上海的董事长黄庆元，黄庆元当即表示同意，发电报给公司："工人的工资可以加"。然而，常务董事兼公司经理陈耀琨却恶意扣押了电报，妄图从中渔利。殊不知，这时的工人阶级已经联合起来，电报局工会把电报抄本送到了电厂工会，工人们得知内情后找陈耀琨交涉，陈耀琨一拖几个月仍不解决，工人们忍无可忍，决议立即罢工。

电灯工人罢工后，全市停电数日，陈耀琨贿赂海军警备司令部林国赓妄图镇压工人，但林国赓不敢轻举妄动，只派人出面"调解"。工人不予理睬，陈耀琨无计可施，只好答应工人要求。按照承诺，工人月薪 10 元以下的增长 30%，10~20 元的增长 20%，20 元以上的增长 10%。电灯公司工人罢工的胜利，鼓舞了厦门全市工人斗争士气，如火如荼的"罢山罢海"运动就此拉开帷幕。

"罗扬才等共产党先驱选择从厦门电灯公司发起工人斗争，是非常英明的决策。"党史学家彭一万分析说，这不仅是因为电灯公司员工收入待遇偏低，处境悲惨，更是瞄准了电力工业在近现代工业运转中不可或缺的地位。停电数日的罢工运动，给予资方极大压力，形成有效威慑，确保了厦门工人运动旗开得胜。

1927年1月24日，在"罢山罢海"事件的高潮中，厦门总工会成立，罗扬才任委员长。在厦门总工会的领导下，厦门工人相继取得罢工斗争胜利，工资平均增加了25%。通过这次斗争，工人们深深地意识到，没有共产党的领导，没有兄弟工会的支持，没有自己的团结，就不可能取得斗争的胜利。这使得总工会和共产党的主张日益得到工人群众支持，厦门工会会员由5000多人增至2万多人，成为厦门革命时期的中坚力量。

1927年四一二反革命政变后，"白色恐怖"笼罩全国，厦门工人运动被迫转入地下，厦门电气工会也遭受破坏。4月9日凌晨，国民党右派包围厦门总工会，逮捕罗扬才等人，并将罗扬才秘密押送至福州，于6月2日处决。罗扬才英勇就义时，年仅22岁。烈士赴死，精神永光。罗扬才留下的坚贞遗志，在厦门工人群体尤其是电厂职工中延烧，将近代产业工人的维权斗争推向高潮，汇入了上海、北京等中国工运中心的斗争洪流。而今，厦大校园内矗立着罗扬才烈士塑像，其映射出的电力工人斗争精神，推动奔涌红色血液

上海《申报》报道厦门工人"加薪罢工"的消息

的电力工业蓬勃发展。

1929 年秋，当时社会动乱不定，物价暴涨，电厂工人们举行罢工要求增加工资，工人与荷枪实弹的反动军警，面对面斗争了 5 天，最终失败。当年 11 月，中共福建省委机关刊物《烈火》发表了题为《厦门电灯工友此次罢工意义及教训》的文章，对电力行业罢工斗争的意义和教训做了总结。

护卫电厂迎解放

抗战期间，随着厦门沦陷，电灯公司被日本侵略者掠夺吞并，电力事业遭受严重破坏。抗战胜利后，厦门电灯公司归还商办，重新安装被拆的机组和整修供电设施。然而，由于电灯公司领导权被国民党当权者控制，结党营私、贪污舞弊再加上物价暴涨，公司亏损严重。到厦门临解放时，厦门电灯公司的物资、现金、股票等动产已被掠夺一空。

1949 年 10 月，电厂更是遭受毁灭性灾难。厦门解放前夕，国民党匪军疯狂破坏闽南规模最大的厦门电厂。该厂电机室全遭炸毁，死伤员工多人。全市各工厂因断电源而被迫停工。10 月 16 日深夜 11 时，人民解放军正猛攻厦门之际，国民党军汤恩伯总部派兵

1949 年 10 月，厦门电灯公司 3800 千瓦机组被国民党军队全部炸毁

乘卡车携带内装炸药的火油五箱，闯入电厂，勒迫停机，并将护厂的工友赶开，随即将两机室封闭，将炸药安置于两部电机和一部抽水机上。10月17日4时一刻，一声巨响，厂屋与电机锅炉被炸成一片废墟，3800千瓦机组毁于一旦，厦门瞬间陷入黑暗之中。事后发现两名工友当场遇难，多人被炸伤。对于国民党匪军这种罪恶行径，全厦民众莫不切齿痛恨。

国民党绝没想到的是，厦门军民齐心协力，迅速组织恢复供电。在极端困难的情况下，6天之后，厦门电灯公司就租用开明戏院柴油发电机组恢复政府机关及路灯照明，此后又逐步以建设临时发电站、与自备电源单位合作供电等形式，增加供电能力。由于当时市场燃油奇缺，职工们就用木炭、酒精、松节油代替柴油。厦门电灯公司全体职工自愿减薪40%~60%，不少员工每天工作十几个小时，安全生产还创造了建厂以来的新纪录。1954年，厦门恢复日间发电，并将110伏配电电压改为220伏，奔涌着红色血液的厦门电力工业，开始走进蓬勃发展的新时代。❶

尽管沙坡尾避风坞的厦港发电厂（前身即厦门电灯公司）遗址已不复存在，但每当人们回想起那块曾记录着老电厂辉煌历程的文物保护碑，福建电力先辈的辛劳身影便会在心中浮现，他们的创业精神和对光明的无私奉献，依然值得我们报以最崇高的敬意和怀念。

❶ 王兴献. 厦门电力工业志 [M]. 北京：当代中国出版社，1998.

海丝之光靓泉州

赤子归心，福泽桑梓。

泉州，别名温陵、刺桐、鲤城，是国家历史文化名城和中国著名侨乡，地处工商业繁荣的"闽南金三角"。泉州历史悠久，早在周秦时期就有文献记载，三国时期设立东安县治，西晋时期中原混战，士族南迁入泉，南朝时改设为南安郡。宋元时期，泉州跃居世界第一大港，成为东西方文化交融汇聚的发生地，被意大利商人雅各·德安科纳称作令人神往的"光明之城。"

爱拼会赢筑光明

泉州商人历史上有出洋侨居的习惯，尤其在明清时期的海外移民大潮中，无数的泉州人移居海外，以南洋居多，营商致富者不乏其人。泉州地区因此成为我国华侨最主要的祖籍地。广大华侨在海外辛勤经营、艰难创业，心中却始终爱国爱乡，希望为祖国分忧，有着为建设故土奉献力量的美好愿望和优良传统。"爱拼会赢"的精神深深地雕刻在闽南人的骨子里，他们为了梦想远渡重洋，到世界各地成家立业，创造财富，一个个游子由刺桐港出发搏击风浪，挑战艰难，然后再把各种技术和金钱反哺家乡，这些经历使闽南人深知"海纳百川"的可贵。回看近代闽南侨乡的诸项建设，但凡修筑道路、兴办实业，都离不开海外侨胞的贡献。诚如孙中山先生的评价："我海外侨民，其对革命之奋斗，历十余年如一日，故革命史上，无不有'华侨'二字，以长留于国人之脑海。"

清末民初，在西方第一次工业革命的影响下，不少华侨认为"振兴中国唯一出路是发展实业"，认为实业可以厚利民生，提倡"实业救国"是救亡图强之路。第一次世界大战初期，中国的民族工业有了发展的机会，中国经济也出现了势力多元化的状态。于是，泉州籍侨商、华侨（主要是印尼、菲律宾华侨）纷纷回乡投资工商业，民族资本出现新的发展势头。泉州侨汇侨资注入民族工商业，除了推动泉州本土经济外，还支撑做强了厦门、漳州两地的市政建设。

辛亥革命胜利后，孙中山提出"中国实业应如何发展？首先道路建设"的纲领。爱国侨领陈清机率先响应，将日本发展经济理念、技术和筹集的资金，带回泉州故乡，倡导"实业报国"，推动泉州近代化进程，多个项目在福建、在闽南都是首创。民国初期，广大泉州海外爱国侨胞和进步人士在踊跃捐助公益事业、兴办学校、医院等之余，还试图走"实业救国"道路，积极投资修建公路，创办汽车运输公司、海运公司、电灯公司、农（林）场、工厂企业。民国时期泉州70%以上工商企业，或多或少地利用或者借用侨汇、侨资以维持企业的经营活动，推动民族实业得到迅速发展，促进形成近代工商业雏形。众多华侨率先投资近代工业，注重引进西方先进的技术和西方近代企业制度及经营理念，推动泉州侨乡工业从传统向近代转型。

泉州华侨在海外生活多年，对国外先进现代化技术接触较多，认识也更加深刻，特别是在近代科技发展中，电能的发现和电灯的发明，是为全人类生活带来重大影响的大事。华侨将外国先进的电能引进福建，一方面将海外资金引入省内兴办实业，另一方面也为市井生活创造民生福利。20 世纪初，在历史文化底蕴深厚的泉州，一场意义非凡的点亮光明之旅盛大启航。这座古老而迷人的城市，宛如一座闪耀在时光长河中的灯塔，散发着璀璨光芒，照亮了前行的道路。

师夷长技亮星火

1904 年，医疗传教士马士敦受英长老会差派来到永春医馆。马士敦医生募集到巨资，于 1906 年在医馆原址建成新式洋楼，并从英国购进一台 10 千瓦柴油直流发电机组供永春医馆用电。[1] 彼时社会风气尚未开化，泉州家家户户仍然在使用蜡烛、油灯照明，当永春医馆点亮第一盏灯时，引得周围的百姓纷纷围观，人们惊讶于小小的灯泡竟然能散发出如此耀眼的光芒。给泉州人的震撼不亚于如梦初醒，许多能人志士就此开眼看世界，泉州人向往光明的火苗因此而点燃滋长。

在马士敦医生的努力和奉献下，永春医馆安装了自来水、发电

---

[1] 资料来源：2020 年由中国人民政治协商会议福建省永春县委员会文史资料委员会编写的《永春文史〈第 31 辑〉》。

永春医馆病房内境况（摄于医馆成立初期）

机等设施，配备了显微镜、外科医疗器械等齐全的仪器，更拥有可
能是福建的第一台 X 光机。永春医馆更名永春医院，成为当时国
内颇具规模的一流现代化医院。从此，永春亮起泉州有史以来的第
一盏电灯。医院依靠着现代化医疗器械和电力供应的加持，使得周
边的群众疾病治疗得到了保障，人们也真真切切感受到电力带来的
便利。永春医馆虽历经百年风雨沧桑，至今尚存两座当年给年轻护
士做食堂和宿舍的楼房（俗称"姑娘楼"），且医馆的围墙大门尚
存。实地原址的风貌勾起了人们的遐想和历史回味，有力地印证了
泉州电力事业发展的历史起源。

　　如今，泉州的每一寸土地都焕发着耀眼的光芒，但是那第一缕
仿若清晨的曙光却永远留在泉州人深深的记忆里不曾忘却。因为有
了永春医馆的第一次用电尝试，泉州的用电事业正式提上了日程。
电力的洪潮以决堤之势滚滚而来，冲破一切枷锁和桎梏，融入浩瀚的世界电力之海。泉州人民满怀希望，翘首以盼电力之光照耀泉州大地。

"光明之城"亮微光

泉州电力事业创始于 1916 年，距今已有一百多年历史。本地区电力企业虽起步较早，但因受战乱、市场变化等因素影响，办电过程较为曲折。1949 年前的泉州电气事业兴衰变革的历史时期，分为泉州电气公司（即泉州电气股份有限公司）时期和泉州电灯公司（即泉州电灯电力股份有限公司）时期两个不同的历史阶段。

辛亥革命以后，恰值第一次世界大战结束初期，中国的民族工业迎来了发展机遇。在此时期，各地的民族资本家、华侨商人以及地方绅士等纷纷集资开办工厂和公用事业。1913 年，晚清贡生谢俊英、地方绅士李丹臣、陈启伦、苏应南等人，与厦门鼓浪屿富商林尔嘉合资 10 万银圆筹办电厂，定名为泉州电气股份有限公司（简称泉州电气公司）。1916 年，泉州电气公司向台湾一家电厂购进 1 台日本大阪株式会社制造的 125 马力卧式煤气发动机配 60 千瓦旧发电机。1917 年 9 月，泉州电气公司正式发电营业，谢俊英被任命为经理。❶ 此时，泉州才完完全全拥有一家属于中国人自己的发电企业。尽管彼时泉州电气公司发电量不足，只能给小范围的商铺进行供电，但泉州工商业从此有了发展的助力。民众真正意义上能够使用本土电力企业供给的电，因此对这微弱的灯光倍感珍

---

❶ 资料来源：1998 年由《泉州电力工业志》编纂委员会编纂的《泉州电力工业志》。

惜。这颗星星之火预示着泉州这座城市完全拥有了属于自己的电，城市有了希望，未来属于这座光明之城。

泉州电气公司是近代工业在泉州历史上最早创办的一个工厂，地址在南门外菜洲乡，办事处设在市区的三朝铺。泉州电气公司组织形式和办事机构，基本参照福州电气公司管理模式，设经理，在菜洲乡发电所设厂长，设营业主任、工务主任、出纳主任、总账、总司机、副司机、技师、司库、事务等股室和人员。以 3.3 千伏主干线从菜洲电厂跨越笋浯溪降压为 110 伏向市区中心送电，供应新门街，中山路至东、西街一小段的商店和居民用电。❶ 因公司发电设备规模小，初期仅供居民和商铺的照明，不供工业生产用电，因而只能每天从下午五时起到夜晚供电 12 个小时。1916 年泉州电气公司初创时，虽然将输电线

菜洲电厂（上：1955 年旧址。下：1971 年旧址）

---

❶ 资料来源：1998 年由《泉州电力工业志》编纂委员会编纂的《泉州电力工业志》。

路架设到距城七八华里的清蒙、柴塔乡等地，实则都不曾给这两个地方供电，供电线路始终局促于市中心商贸和居民最集中的区域。这种局面，一直持续到泉州解放后才有变化。

1918年1月8日，泉州电气股份有限公司定名为泉州电灯股份有限公司。同年，龚显鹤任公司董事长兼总经理。当时为解决资金困境，泉州电灯股份有限公司向当地士绅和华侨发行股票（认购优先股），注册立案增加招股本5万银圆，股票每股金额为50银圆，共计1000股，每股分为三次缴纳，以获得资金支持。海外华侨投资者甚众。可是当时因军阀混战，地方不靖，营业萧条，企业亏空净尽。但是这"电力的一小步"却是泉州电业发展史的开端。

尽管供电区域范围有限，但是正是因为有了此次关键性的供电，使得泉州市民认识到电力给予生活的便利和高效。其他未通电的地区原本只是驻足观望状态，当得知通电后对当地发展有所助益，遂积极与公司协商建设电力线路，由此进一步扩大企业供电范围。同时也因为有这次成功的电力运营，影响力辐射到周边的县域，各县纷纷如雨后春笋

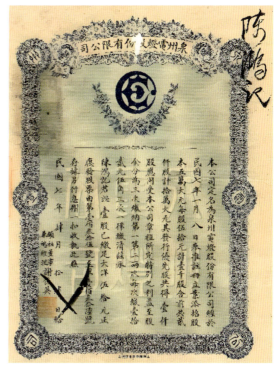

1918年泉州电灯股份有限公司股票正面

般创立了当地的电力供应公司。例如蔡德远创立了安海电灯公司，永春桂洋 5 千瓦水电站建成发电照明等。

但是泉州电灯股份有限公司很快就遇到了瓶颈期，创业一开始，就规划不当，盲目引进，在仅有一套日本制造的发电机组（发电机是日本大阪川北电气株式会社造，发动机是大阪发动机制造），又没有后备机力，就把输电线路延伸到距城七八华里的乡村，市区的供电范围又无计划地一再扩展，线路的布局也不够合理，以致线路损失严重，机器负荷很快就超过极限，造成电压低落，加上公司营业萎靡不振，亏损日增月重，终至不能维持，不得不于 1930 年把企业残余的资产设备顶出去。泉州电气公司时期结束。泉州的光明仍需更多的点灯人。

永春初萌小水电

泉州山乡的水电事业，初始创业于永春县。

从 1906 年始，永春就曾创办六个小型电力工程，其中有四次建的是 2~5 千瓦小水电，分布在桂洋、蓬壶、玉斗及湖洋，但都因为缺水而停发。

1926 年，村民林妙庆在桂洋安装 1 台 5 千瓦汽油发电机组发电供照明使用，1930 年移至村水尾下岸，利用水车带动发电，为永春县同时也是泉州地区第一座小水电站。❶ 电机隆隆响，黄金千万两。有了电，永春全县都在变。过去，煤、铁矿石、石灰石、

---

❶ 资料来源：2020 年由中国人民政治协商会议福建省永春县委员会文史资料委员会编写的《永春文史〈第 31 辑〉》。

瓷土等矿产资源沉睡在地下。小水电的初步开发，使得木材、毛竹等农林资源也得到了充分利用。

永春县村水尾水车发电

1948年，永春实业家陈式皋等人在五里街创办的永春水电股份公司，兴建高垄水电站，并利用原电灯公司32千瓦旧发电机，开始科学办水电新尝试，于次年建成发电，为五里街、桃城两镇送去光明。此后，永春小水电由小到大，由独家办电到多家办电，从单区域办电到跨区域办电，从就地消化到联网发电，为我国山村开办简易小水电树立了成功的样板。永春也因此获得了"水电之乡"的美誉。有了小水电，永春县农副产品加工逐步实现机械化，让成千上万的山区农民从繁重的体力劳动中解脱出来。❶

百花齐放，春色满园。泉州无数能人志士为了当地的发展，为了保障人民的生活需求，因地制宜，制订出一套为当地谋福祉的发电方案，在漆黑的夜空中点亮光芒，为当地的发展指引了方向。

侨资办电兴桑梓

晋江自古英才辈出，以"实业救国，教育救国"为己任的蔡德远是其中的代表人物。他积极投入家乡的公益事业，曾多次前往菲

---

❶ 陈君. 福建永春小水电：辉煌历史与绿色希望 [N]. 中国水利报，2019-09-26.

律宾等地考察工商业，在安海倡办商会，开办学校，参与创办了安海电灯公司。

1918年，蔡德远、林尔嘉等集资开办安海电灯公司。安海电灯公司是采用董事会制的企业，是晋江最早的电灯公司，也是福建省最早的电灯公司之一。后因聘用的日本工程师西山氏被人枪伤，工程停顿。1927年，归侨商人蔡德远出任董事长，主持续建工程，同年6月29日，正式供电营业。安海电灯公司设在黄墩村，服务范围限于安海中心区。因经验不足，管理不善，企业亏损较严重，营业1年多，就几乎难以继续维持。❶

在这关键时刻，1929年，蔡德远的儿子蔡子钦这位远在他乡的游子满怀着报国的热忱站了出来，毅然从菲律宾归国，回到家乡安海参与电气事业。

1929年3月，蔡德远、陈清机、吴善卿等募集侨资5万银圆承接安海电灯公司。承接后公司名不变，聘原董事长蔡德远之子蔡子钦任经理。经过一系列整顿改革，企业逐渐扭亏为盈。1935年，安海电灯公司资本额为5万银圆，营业电灯数为包灯制810盏，表灯制1650盏，共计2460盏，营业范围为安海镇市区中心，公司职工16人。当年全年实收入25665银圆，实支出24381银圆，略有盈余。至1937年公司平均每月发电量约300度，群众用电约600户，每年盈利约2000银圆。❷后来的姐妹企业——泉州电灯股份有限公司也如安海电灯公司艰难挣扎。在危难之际，仍是蔡子钦挺身而出，实业救国。

---

❶ 晋江市地方志编纂委员会.晋江市志（上册）[M].上海：上海三联书店，1994.
❷ 晋江市地方志编纂委员会.晋江市志（上册）[M].上海：上海三联书店，1994.

蔡德远与孙子蔡载杜在竹园（图　　蔡子钦照片（图片摘自《晋江乡讯》）
片摘自《晋江乡讯》）

　　1930 年前后，各地军阀连年混战和国民党黑暗统治，给民众带来了空前的灾难，导致泉州工商业颇为萧条。1930 年间，已经创办 15 年的泉州电灯股份有限公司由于一开始就规划失当，经营管理不善，亏损日增月重，负债已达五六万元，无以为继，势将停业。困顿之际，股东代表谢杰英通过李丹臣找蔡子钦洽谈，要求承顶。经历一段时间的奔走协商，双方意见逐步接近的时候，蔡子钦即向海外的华侨亲友联系，争取引进侨资以应付承顶之需。当然，这个过程也不是一帆风顺，因为有不少地方权贵、官僚政客，也企图投资，插手渗透其中；还有两位旧股东是西医名流，又坚持不肯让出他们的股权，从中作梗。后在归侨陈清机、万福来，地方名流李丹臣等人，以及海外华侨的支持下，终于正式签署了协定书。1932 年 4 月，蔡子钦向陈清机、万福来等华侨、归侨集资 4 万银圆，承接泉州电灯股份有限公司，改组成立泉州电灯电力股份有限公司（简称泉州电灯公司），蔡子钦任经理。这是泉州最早利用侨

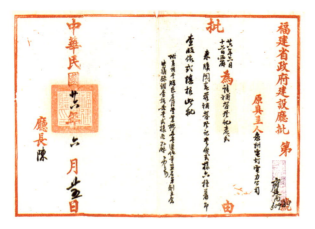

1937 年福建省政府建设厅批准关于泉州电灯电力公司备案登记的批复（府建丙 509 号）

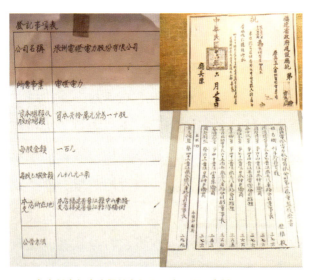

1937 年泉州电灯电力股份有限公司注册登记资料

资创办的一家电力企业，为泉州侨资企业开了先河。公司地址设在市郊的菜洲乡，办事处先是设在租赁的中山南路 400 号楼房，后迁至中山南路 507 号的小洋楼。泉州电灯公司时期开启。

公司的定名之所以要在"电灯"之后加上"电力"两字，从生活用电扩展到生产用电，是蔡子钦的建议，他说："我国的实业正在发展，我们的企业今后亦有可能向新兴的工农业提供电力的需要。"

1934 年 4 月 16 日，泉州电灯公司召开第一届股东大会，会议上修改通过《泉州电灯电力股份有限公司简章》。同年 5 月，举行第一届一次董监事联席会议，陈清机当选为董事长，李丹臣为副董事长（1940 年陈清机在菲律宾病逝，李丹臣被选为董事长），公推

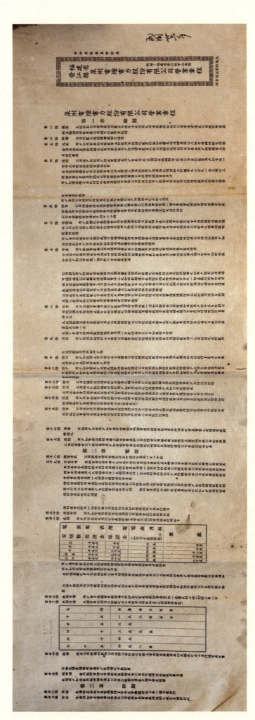

民国36年泉州电灯电力股份有限公司营业章程

蔡子钦任经理。

　　陈清机在泉州也是一名风云人物，从投身革命在晋江安海打响辛亥革命福建第一枪，到为践行"实业救国"理想倾尽心血回馈桑梓，在先后任晋江路政局长、县长、安海市区长等期间，他锐意改革，对婚丧旧俗进行改革，建设道路，筹建医院，创办慈善机构，助推农业、矿业现代化发展，支持电力产业，抗日战争时捐款捐物，只要泉州有需要就有他的身影。❶ 如今，在安海仍流传着许多关于陈清机的传奇故事，而其爱国爱乡、开拓创新的精神也为后世所颂扬，并激励着一代代侨乡儿女。

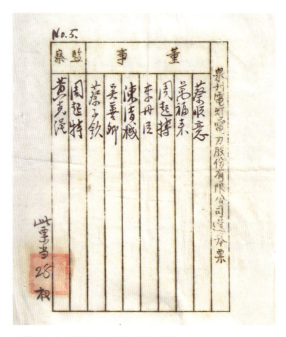

泉州电灯电力股份有限公司董事选票

❶ 陈士奇，肖小俊．陈清机：拳拳爱国心悠悠桑梓情 [N]．泉州晚报，2023-09-08.

赤子之心谱华章

蔡子钦重组泉州电灯电力股份有限公司的背后，除了华侨集资办电之外，还有一个鲜为人知的曲折内情。办电之初的电灯公司经营不善、亏损严重，当时养蜂场老板被蔡子钦等股东的创业精神所感动，借给350银圆兴办电灯公司。多年后，一贯诚信经营的蔡子钦深知电灯公司重组离不开家乡养蜂人支持，在产业做大后及时归还了借款，此段创业故事在泉州商界一时传为佳话。

1935 年养蜂场的信函

蔡子钦到任泉州电灯公司后，在职工大会上当即宣布："本公司不仅是为了提供民众照明，今后也要为新兴的工农业提供电力需要。"同时着手整顿企业，改革公司的人事和管理制度。经理部不设副职，经理之下，仅设总务、工务、会计、业务四股及秘书、主任技术员二室。安排文化程度较高、有专业知识、有实干精神的年轻人为股、室工作人员。大胆提拔技术工人姚根生（原上海杨树浦电厂工人）为工务股主任，任用刚从北京工业专科学校机电专业毕业的龚诗熊为主任技术员，聘任年仅21岁的泉州黎明高级中学毕业生周石樵为秘书兼业务股负责人。精兵简政，彻底改变公司因人设事、机构庞大、职掌混乱的局面。又制订一套相应的组织条例、实施细则及其他规章制度，要求上下一体遵行。在财务管理方面，加强经济核算，改中式记账法为西式簿记。在生产技术管理方面，撤回盲目延伸郊外达七八华里的输电线路，重新规划市区线路布局，排除机组负荷过重、电压低落颓势，并适时开展发供电设备大修，严格执行工器具操作、保养、维修制度。在服务管理方面，要求办事人员直接与用电客户见面，为客户提供方便。同时革除旧公司亦官亦商陋习，不讲排场，不摆架子，出门以步当车，不坐"绿呢大轿"，不坐黄包车。❶

为促进营业快速增长，泉州电灯公司在接近恢复供电之时，采取"优先电价"的供电营销措施，并提前发出即将复电的企业公告。如按旧公司时代的电价表灯每度收费3角6分，在本公告发出之日起的三个月内，到电灯公司登记装灯接电的用户，可享受"优先电价"的待遇，表灯每度仅按3角2分收费，为争取用户提前开始用电创造条件。经过蔡子钦的一番锐意改革，整个公司面貌焕然一新，工效显著提高。泉州电灯公司于1932年4月份承顶，8月份开始营业，供电营业额迅速上升。

1933年，营业继续发展，前景美好，企业添置新发电机组的条

---

❶ 中共晋江市委党史和地方志研究室.晋江现代史人物[M].福州：福建人民出版社，2019.

件已成熟，蔡子钦即亲赴香港，向英国纳兴纳尔厂引进140千瓦柴油发电机组一套。中间经纪人是香港益友行欧阳朝宗和黄世碧，英方代理商是怡和洋行。买卖双方在讨价还价，相持不决之际，卖方突然询问蔡子钦要拿"回佣"多少钱。原来这种买卖成交之后，卖方应在贷款内送给买方代表人一笔3%~5%的"回佣"。此时蔡子钦意识到机组的底价已至极限，卖方想在"回佣"上要花招了，答称不要"回佣"，卖方遂即表示机价可以再减3%。此中玄妙正是卖方想在"回佣"中捞取一笔意想不到的额外利益。因为不要"回佣"的买方代表实在少见。结果由于蔡子钦的不肯让步，迫使卖方再降机价5%签订了合同。1937年蔡子钦再度赴香港，购置德国煤气机组。此次的中间经纪人是香港侨兴行高铭清和高明三。买卖双方在

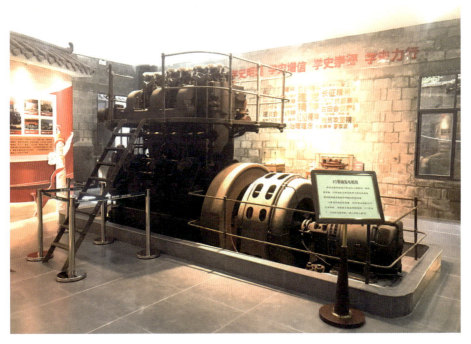

1933年购入的英国纳兴纳尔140千瓦柴油发电机组

讨价还价中，也和1933年购置英国柴油机组时大同小异，结果仍是由于蔡子钦的表示不要"回佣"，迫使卖方不得不按照等于回佣最高金额的5%降低机价，迅速成交。蔡子钦早年毕业于福建法政学院预科，是学法律的，法制观念较强。企业开创之始，他立即为电灯公司的组织和经营管理制订出一套崭新完整又切实可行的规章制度，而他自己也能身体力行，依法办事。一个企业领导层所表现的操守和作风如何，对于这个企业的风气和经营管理，也会产生相应的影响，上面的"回佣事件"是蔡子钦先生在担任企业领导时的某个片段，却实实在在地表现出了他为了把泉州电力企业推向正规的坚守，"不忘初心，方得始终"，此事成为创业者无私办电的历史见证。

1936年年底，新旧两套机组的负荷又将满载，有再添置发电机组的必要，但此时日本军阀在华北，法西斯势力在欧洲，侵略气焰极其嚣张。举世备战高潮汹涌，发电机组的价格大涨。企业仅依靠三年来营业盈余所得的积累，已不足以应付引进新发电机组的货款了。董事会急于求成主张向当地的银行或富商求贷，蔡子钦顾虑电厂被地方权贵控制，放弃就近筹款的这条捷径，向侨居日本和菲律宾的亲友万福来、周起搏和吕良以等借钱，来凑足应付购机资金，向德国西门子厂引进一套180千瓦的煤气发电机组。1937年8月间，德国引进的煤气发电机组在抗日初期起运到泉州，紧急施工安装并投入生产，解决了原有两套机组都已满载的问题，更重要的是，蔡子钦此次决定不再继续引进柴油发电机组，而是改购煤气机组的决策，为企业能够渡过抗战八载的难关创造条件。以后战局恶化，水陆交通均被敌人阻绝，柴油和煤炭来源都中断的时候，两套机组依然坚持发电。至 1937 年，泉州电灯公司 3 台发电机组，发电总容量比承接初期增长了 5 倍。企业的迅速发展，使这一时期成为解放前泉州自有电气事业史以来的黄金时代。

据统计，在 20 世纪 20—40 年代，蔡子钦领导下的泉州电灯公司为泉州各县先后创办过 8 座以柴油、木炭为燃料的小火电厂和 3 座小水电站。经过一段时间运行，为泉州工商业及农业的发

1937 年电气事业调查表

展提供了巨大的助力，即使随后因为战争爆发社会动荡，泉州电灯公司不得不先后停运发电厂，但毋庸置疑的是，蔡子钦等归国华侨在泉州电力的历史舞台上划下了浓墨重彩的一笔，后人将永远铭记于心。泉州的光明在老一辈电力人的悉心呵护下犹如一颗小芽缓缓成长，电力给生活带来便捷和新奇，受到泉州民众的极大欢迎。

灯光照亮璀璨生活

一部电力发展史，映射出一部城市的成长史。

"苍官影里三洲路，涨海声中万国商"。电力的发展为泉州工商业发展赋能，重现泉州唐朝时期"市井十州人"的繁荣景象。这在动荡不安、军阀混战的时期如点亮泉州人心中的希望之火，指引

着泉州迸发强大的活力。

泉州、安海两个电灯公司先后创办，在之后的一段时期里，拉动了泉州集镇的发展，出现了安海、青阳、磁灶、水头等近代经济强镇。新式道路、城市沟渠、排水管、新式建筑得以兴建，电力照明、电报电话、新式交通工具、自来水等带有现代文明城市元素的公共事业稳健起步，城乡各类加工业，如纺织业、制糖业、食品加工业等，用电作动力，推动生产经营快速升级发展，让越来越多的民众享受到现代文明带来的便利。在海外华侨的积极推动下，20 世纪 20—30 年代，泉州的纺织业兴盛一时，可以说是一段兴旺发达的黄金时期。仅晋江东石的 5 家侨资纺织厂，就拥有机器织布机 225 架，从业工人 505 人，年产布匹 91800 匹，年产值达 33600银圆。在当时市场竞争日趋激烈的环境下，泉州织造的布匹仍能拓展国内市场，并且远销菲律宾、印尼等南洋各地。随着电力需求扩大，1920 年后的安海电灯公司同样发展迅猛，业务范围覆盖周边县市。据民国时期的《晋江县志》记载，1926 年安海旧街出现了电线杆和"三相四线制"电力线路。这民国旧式线路成为安海的电力火种，点亮了泉州工商业的百年之光。电力催生了当地一批轻工企业的崛起，特别是带动了碾米业的发展，晋江万盛、南安生鸿、鲤城福发等十多个碾米厂的生产得到良好的用电保障，为市民保证了粮食供应。电力的发展伴随着技术革新和管理升级，传统产业在电力的支撑下得以兴起和发展。

电力企业的持续发展，更是推进了泉州的近代化建设，扮靓了城市主要街区的面貌。1923 年年初，东路军何成濬部进入泉州城后，力促军总指挥黄展云拆城辟路，兴办市政基础设施，吸引华侨来泉州投资建厂。市政局委任菲律宾归国的著名城市设计师叶青眼主持其事，叶青眼慨然应允，着手组成泉州市政局，聘请南安籍英国爱丁堡大学留学生雷文铨为工程师，开展水电路工程设计施工。首当开展的是中山路拓建工程。"南国多雨天，骑楼可避风。"中山路浓缩南国建筑风格，是我国仅有、保存最完整的连排式骑楼建筑商业街，建设初衷是专为侨民设计建设的"华侨商业街"。该道路建成后，市政局会同电灯公司布设路灯干道，设置路灯36盏，明晃晃地点亮整个道路街区。提及民国中山路的路灯，极富闽南侨乡特色。路灯结合骑楼吊顶，改作吊灯，可定制灯具下方附带挂件钩，方便了节庆时挂件所需；路口增设了引导灯带，指引方向的同时为步行街烘托出暖色调氛围。

电力的加持为中山路吸引侨民投资建厂打下坚实的基础。随着中山路水电设施的完善，一些早年旅居海外的泉州华侨得风气之先，纷纷将当时一些近代新兴的商业及服务业如银行业、新式百货业、照相业、电影业、汽车公司等业态引入道路街区，给古城带来一股新潮的商业气息。随后的十年间，黄同益绸缎纱庄、上海宝华鞋行、林万昌箱铺、南华泰洋货、广隆昌绸庄、董宝发华伦、健生新药房、上海大华书店、罗克照相馆、西方国工艺铺、大上海理发室……这些"老字号"纷纷入驻街区，使得中山路成为民国时期泉州最繁华最耀眼的街区，被民国《侨报》誉为"闽南侨乡的王府井"。在这璀璨灯光的背后离不开泉州电灯电力股份有限公司的默默付出，蔡子钦等股东为满足泉州工商业照明需求，四处奔波采购机台，1917年9月，泉州初期仅有1台60千瓦的旧煤气发电机组，装机容量小远远无法满足居民和商业照明的需求；到1937年

8月，二十年间，蔡子钦先后从英国和德国采购1台140千瓦柴油发电机组和1台180千瓦的煤气发电机组，装机3台，总容量380千瓦，勉强满足泉州发展的用电需求。泉州电灯电力股份有限公司在这个阶段完成了历史所赋予的使命和责任。

1934年4月，新上任的晋江县县长张斯麐着力发起新生活运动，令市政局再邀工程师雷文铨筹划建设钟楼。该钟楼高13.8米，位于东街与西街、中山南路与北路的十字路口，钟楼底架上有中国传统的斗拱造型，上又有整体西方建筑的简约线条，融合了骑楼、红瓦屋顶等闽南特色建筑元素，显得得格外清新雅致。中华人民共和国成立后，据时年参与钟楼建设的技师辛梅松回忆，钟楼上的钟面有五六尺长，四面门楣上，刻有文人雅士的题字。当年的钟楼时钟不是如今的石英钟，是上发条的机械钟，这里曾是泉州唯一的公用时钟。钟楼上很早就安装了电灯，四面各有一盏，是近代泉州最早的新型路灯。站在东南西北四条街的鼓楼下，都可以看清钟面的时刻，即便晚上也看得很清楚。

钟楼的灯光照亮了时间，也照亮了市民的生活。中西合璧的钟楼，是古城的一个重要地标，陪伴着数代泉州人的成长。悠扬的钟声在泉州海外游子们的心中久久回荡，经久不散，寄托了无数游子的乡愁，百年钟楼早已融入古城海丝文化中，在当今网红经济下，成为西街重要打卡地，吸引着无数海内外游客在此拍照留念。

中山路作为人气最足的泉州商住街、"闽南黄金商圈"，其繁盛之景一直持续到1937年抗战爆发前，可谓是东南沿海近代化城市的一个缩影。在灯火辉映下，中山路这个极具代表性的泉州文化符号，世代承载着海丝名城的商脉、文脉。

突破暗夜迎黎明

1938 年上半年，福州和厦门两市相继沦陷，泉州地处沿海前线，也岌岌可危。国民党政府派军队进驻电厂随时准备炸毁发电设备。同时因敌机敌舰狂轰猛炸闽南沿海领域，水陆交通被阻，油料来源中断，英国的柴油机组已无燃料可用，便内迁永春。此时企业仅能拿两套新旧煤气机组供电，没有后备机力。值此风里飘摇、人心恐慌时刻，电灯公司营业大受影响，企业开始衰落。1938 年下半年，日敌对我国近海和陆上交通加紧封锁，北煤南运的途径亦已断绝，为保证两套煤气机组的持续发电，电灯公司不得不改以昂贵的安溪木炭为燃料，并以不够规格的植物油代替润滑油，既加重发电成本，又影响供电质量，引致电压逐渐低落，机组运行失常，故障频繁，营业收入锐减。

1940 年，泉州地方派系斗争尖锐，董事会任用王一平为企业的副经理，协助经理应付当时复杂的社会环境，不料反而卷入社会斗争的漩涡。甚至有人故意无视物价的现实，只片面地以反对企业一再提高电价为口实，鼓动用户拒交电费，暗潮汹涌，形势极为严峻。

1944 年，日本帝国主义垂死挣扎，时局紧张，国民党统治下的泉州，军政纪律败坏，社会秩序更为复杂。强用滥用电源，违章装灯接电、偷灯窃电和不付电费成风，取缔棘手，导致机组超载运行，电压低落，供电质量亦受影响，用户不满，社会指责，使企业举步维艰，维持益感困难。

1945 年年初，电灯公司在这内外交困中艰难挣扎，已经将近八个年头了。由于不断亏损，流动资金完全耗尽，将难以为继，但蔡子钦信念坚定，仍要苦撑到底，遂把新门外浮桥街和市区东西街尾一带的输电架空设备全部拆卸，变卖现金，用以坚持供电，直至 1945 年 8 月抗战最后胜利。抗战胜利后，曙光初现，海上运输恢复，柴油又有来源，柴油机组随即运回泉州投产。此时正是泉州电力行业休养生息、重整河山之时，国民党反动派却又悍然发动内战，导致经济全面崩溃，币值狂跌，加上一些用户有意拖欠电费，电灯公司再度由盈转亏，陷入绝境。

1949 年 8 月，泉州发电厂建在市郊偏僻的菜洲，每天只在夜间发电五六个小时，工人下班后各自回家，没有值班制度。7 月间，为防止国民党军队撤退时破坏电厂，一天傍晚，该厂联络人员王大毅携带中国人民解放军布告和《约法八章》在发电厂周围散发，并张贴了署名闽中游击队泉州团体的宣传标语，在工人群众中引发热烈反响。大家七嘴八舌，献计献策。泉州解放前夕，为防止国民党政府撤离城市时破坏电厂，中国共产党泉州地下组织通过电灯公司职工陈继业（中共地下党员）、王大毅、蔡载经（蔡子钦之子）等人，组织护厂斗争，组建了护厂工人纠察队，坚持生产岗位，建立夜间值班和巡逻制度，加强厂房、设备保卫，积极贮备燃料，保证正常供电。在党组织的领导下，广大电力工人围绕"解放军打到哪里，电灯就亮到哪里"的目标，坚守岗位、维持生产，以实际行动告别黑暗，迎接黎明的到来。

泉州解放前夕，驻泉州的国民党交警部队仓皇溃逃，泉州出现短暂的"真空"局面。为了防备残余敌人进行破坏，特别要加强电

"护厂英雄"蔡载经（胡永奎　摄）

泉州电灯电力股份有限公司职工合影

厂的防护工作，蔡载经立即将革命形势的发展和要求传达到工人中去。在泉州市临近解放的一段时间内，既坚持晚上发电、白天检修设备，又做到日夜值班巡逻护厂，没有停过一天电，保证了发电机组持续安全运行。蔡载经等人因此被称作"护厂英雄"。作为深明大义的公司领导，蔡子钦默许并暗中支持这些进步活动。由此，泉州电力企业在中国共产党保护下照常运转、持续供电，直至迎来解放。

百年经济，电力先行。近代华侨创办民族电业的实践证明，泉州侨商和人们日常印象中的生意人不同，他们不仅是商人，还是爱国爱乡的海外游子，更是泉州民族工商业发展的先行者，在闽南工商业发展中起到举足轻重的作用。"吃水不忘挖井人"，随着对"光明之城"泉州的深入传播，我们不应忘却华侨实业家点燃电力之光的史绩，当年他们爱拼敢赢、勇于先试，发展电业、回报桑梓，实是功不可没。

闽西苏区的红色灯盏

一盏灯，点亮了尘封百年的闽西革命发展史。

闽西，地处闽粤赣三省交界处。是全国著名革命老区，原中央苏区核心区，是红军的故乡，红军长征的重要出发地之一，享有"二十年红旗不倒"的赞誉。这里四面环山，河流纵横，独特的喀斯特地貌孕育了深厚的客家文化。龙岩市是中国唯一以"龙"字命名的地级市，福建省最重要的三大江——闽江、九龙江、汀江的发源地。在第一次国共合作土地革命时期，闽西开启电力工业新征程。1924 年，一点灯光划破黑夜，照亮了闽西这片土地，商办的光华电灯公司集资 6 万银圆，安装 1 台 75 千瓦发电机组，架设直流 110 伏照明配电线路，点亮了闽西第一盏电灯。这盏灯结束了闽西没有电的历史，开启了披荆斩棘，曲折发展的时代。

电亮千年长汀

长汀古称"汀州"，地处福建西部，武夷山南麓，南与广东近邻，西与江西接壤，是闽、粤、赣三省的边陲要冲。全县辖 18 个乡（镇），总人口55万，总面积3099平方千米。长汀历史悠久，自唐代建县以来，一直是福建的重要政治、经济、文化中心，有"唐宋元明清皆为金瓯重镇，州郡路府县均称华夏名城"之盛赞。长汀具有丰富的历史文化、独特的客家文化、厚重的红色文化和丰富的生态文化，是国家历史文化名城、世界客家首府、著名的革命老区、原中央苏区和红军长征出发地之一。

军阀郭凤鸣，字岐山，长汀县城关人，少时曾入私塾读书，秉性顽皮。1918年，受驻南平陆军第一师师长姚建屏收编后投奔其兄部下。1923年，被擢升为陆军第一旅第二团团长，次年其兄去世后继任旅长。1926年，郭凤鸣看北洋军阀大势已去，便开沙县城门迎接国民革命军入城，任东路军第一军第五独立师师长。1927年，郭凤鸣率领部下自泉州驻地返回长汀，加粮加税，派捐派款，贪婪地吸取民脂民膏，放纵部下为非作歹。1929年3月，毛泽东、朱德率领中国工农红军第四军首次入闽，击溃郭凤鸣主力，郭凤鸣换上士兵的服装，妄图逃脱，被当场击毙。长汀百姓无不拍手称快。

郭凤鸣和卢泽霖（当时任长汀商会会长）1927年秋在长汀开始筹办电灯公司。1928年秋，创办了汀州电灯公司，厂址设在原桥下坝玉皇阁 ❶，是长汀最早的官商合办电力企业。汀州电灯公司以观音阁做厂房，隔壁的沈良祠做办公处。主要设备有木炭动力机、煤气发生炉和24千瓦发电机各1台，还有配电盘装置。观音阁旁设置一个能容纳80余吨水的水池，用人工挑水，做冷却动

---

❶ 长汀县地方志编纂委员会.长汀县志[M].北京：三联书店，1993.

力机用。当时长汀有 2000 余
盏电灯，其大部分供给机关和
商店照明，长汀有史以来第一
次有了电灯 ❶。

与此同时，在龙岩四一五
事变和上杭五七事变后，闽西
的革命力量遭到严重的摧残，
国共合作彻底破裂。

发电厂长汀观音阁旧址

1928 年冬，湘赣两省国民党军队对井冈山革命根据地发动了
第三次"会剿"。毛泽东在宁冈县柏露村主持召开会议，决定由彭
德怀、滕代远指挥一部分红军留守井冈山，毛泽东、朱德、陈毅率
红四军主力向赣南出击，以内外线相互配合的办法打破敌军的"会
剿"，保卫和发展根据地。

1929 年 1 月 14 日，毛泽东、朱德、陈毅率红四军主力 3600
多人离开井冈山，向赣南进军，踏上了一条艰难曲折的征程。

站在春日的汀江之畔，毛泽东远望汀州城灯火和谐景象后，
当即给中央局回信表达决心："八邑中心工作应在长汀，望省委熟
计 ❷"。未久，该建议即获中央同意。1929 年 3 月 11 日，红四军从
瑞金壬田出发，挺进到闽西长汀的楼子坝，次日进到长汀城西南的
四都。14 日，红四军在长汀城外的长岭寨击溃了国民党福建省防
军第二混成旅 2000 余人，在长汀县长岭寨击溃国民党守军，击毙
旅长郭凤鸣，红军进驻长汀县城。15 日上午，毛泽东、朱德于南

❶ 长汀县地方志编纂委员会 . 长汀县志 [M]. 北京：三联书店，1993.
❷ 卓国志 . 革命"根本"地东南望长汀 [N/OL]. 新华每日电讯，2019-06-01.

寨召开万人群众大会，会上公布郭凤鸣十大罪状，并给群众分发财物。从井冈山转移的红军首次入闽就解放了汀州城。

毛泽东带领战友们进驻长汀不久，即向红军后勤部门下达"竭力促进工业的发展，特别注意保障供给红军的一切企业的发展"的指示精神，扩建了一批军需物资工厂，其中就有军服生产工厂。

灯火闪烁的长汀开始孕育着闽西赣南第一个县级红色政权。红四军入城后，没收反动豪绅财产，向商人筹借军饷，共得款 5 万大洋，同时发现了郭凤鸣开设在东大街周氏宗祠里的被服厂，厂里有 10 多台日本生产的新式缝纫机。获悉此事的毛泽东、朱德、陈毅来到周氏宗祠，当即接收这个军阀被服厂，更名为红军被服厂。

红军被服厂东门赖屋旧址

起初，被服厂有 60 余人，缝纫机 30 余台。厂内设有染布股、裁剪股、缝纫股和女工股。工厂的布料，有的是打土豪没收而来，有的是通过采购员和商人到白区采购的，也有的是在根据地布店购买的。

时任红四军军部副官长杨至成临危受命，组织人手赶制军服。为了完成制作军服的任务，在长汀县委的协助下，红四军集中了全县所有的裁缝师傅，在汀州东门的周家祠成立红军临时被服厂。由于时间紧、数量多、工人少、机器旧，被服厂建立起两班倒的上班制度，每班 8 小时❶，日夜加班赶制。由于裁衣、缝线和钉扣是细活，入夜后需确保裁缝生产的照明亮度，杨至成决定将长汀电灯厂一台 24 千瓦的发电机，临时移至被服厂提供照明用电。在通明灯火的陪伴下，裁缝师傅们全力投入赶工。

军需处参照当时苏联红军军服和列宁戴过的八角帽样式，初步设计出具有红色特征的军服，再由毛泽东、朱德、陈毅等亲自审定，最终确定新军服颜色为灰蓝色，配有一幅绑腿和一顶缀红五角星的八角帽。军装的上衣是中山装式，衣领上镶有两块红领章。当时适逢列宁逝世五周年，红四军前委决定，将军装的红领章四周都缀上黑边，以示纪念。这是我军史上唯一在红领章上缀有黑边的军装，成为我军独一无二的军装样式。

1929 年 3 月下旬，被服厂日夜赶工，耗时近 10 天，4000 套崭新的红军军装全部赶制完成。按照大、中、小三种规格，衣服、军帽、绑腿分门别类，整整齐齐堆满了整个大厅。着装破旧且杂乱的红军战士三五成群，拿着刚发到的崭新军装，闻着簇新的布料味儿，看着整齐细密的针脚，迫不及待就往身上套。

美国作家史沫特莱在《伟大的道路》一书中记载了朱德对长汀统一军装的记忆："许多有关长汀的情景铭刻在朱德的记忆里……

---

❶ 资料来源：1984 年由中国人民政治协商会议福建省长汀县委员会编写的《长汀文史资料第七辑》。

红军总司令朱德在提到这批缝纫机时连声音都亲切了许多，他说："这批机器对我们非常重要，因为在那以前，我们身上的全部衣服都是用手缝的。可是我们现在终于有了第一批正规的红军军装……它没有外国军装那么漂亮，但对于我们来说，可真是奇好无比了。'"

这是红军第一次在一个军的建制范围内有了统一的军装。开国上将杨得志在回忆录《横戈马上》中写道，当年自己随红军进入长汀城时，只能穿着刚到膝盖的破烂短裤。"几天后，每人发了一套崭新的灰军装，一顶带红五星的军帽，一个挎包，一副绑带，两三双'陈嘉庚胶皮鞋'（黑白色的胶鞋）……一色的新衣帽新鞋子，整齐划一，精神抖擞，人好像变了模样，威武得很。"

成立于 1929 年 3 月的红军被服厂，建厂 2 个月后就为红军装备 70000 多套军衣和其他军用品，生产出红四军第一次统一的军装。1930 年，汀州市建立中央苏区第一个中华织布厂，由原来九家个体纺织厂组成，工人 300 余人，有织布机、手摇纺纱机共 100 多台，在电灯照明的支持下，棉布和医疗纱布月产量能达 18000 多匹，供军需民用。

中华人民共和国成立后，被服厂旧址辟为爱国主义教育基地，引来八方游客参观瞻仰。

苏区的繁盛灯火

1931 年 10 月，根据全国第一次工农兵代表大会通过的《中华苏维埃政府划分行政区域暂行条例》的规定和闽粤赣特委的批准，在汀州老城区（长汀城区）范围内设立汀州市，并在汀城成立了中共汀州市委、汀州市苏维埃政府。❶ 这是中央苏区唯一的市级红色政权，也是中央苏区最大的中心城市，号称"红色中华第一市"。

为了加强革命斗争的领导，汀州市委、市苏维埃政府把整顿街道和市容、维护市内的社会治安、关心市民的用电用水等当作首要任务来抓，拨出部分资金维修了营背街的火力发电厂，招回原来的电工，大量收购木炭发电，很快向市内居民和机关单位送了电。福建省苏维埃政府内务部报告中指出："只有汀州市已进行调查店铺、装置街灯，建立民警局、清查户口，调查没收来的房屋，编订门牌等，其他县大部分没有做。"❷

1931年11月，通过中央红色交通线来到汀州的周恩来，称赞"汀州的繁盛，简直为全国苏区之冠"。依托便利的汀江航运和作为州府所在地较为雄厚的经济状况，汀州市苏维埃政府领导创办了红军第一批军需民用工业，并发展成为中央苏区的骨干工业。汀州市成为中央苏区的"后勤保障基地"。

闽西苏区政权建立后，许多公营商业、合作社商业和私营商业都设在长汀水东街，使水东街成为"红色小上海"的商业中心。

在长汀境内有中华商业公司、中华贸兴公司、中华纸业公司、中华苏维埃福建省银行、闽西工农银行、中

"红色小上海"已有电力供应

❶❷ 中共龙岩地委党史研究室，中共长汀县委党史研究室．福建省苏维埃政府历史文献资料汇编 [M]．厦门：鹭江出版社，1992．

华织布厂、红军斗笠厂、红军印刷厂、弹棉厂、兵工厂、熬盐厂、
樟脑厂、炼铁厂、列宁书局、红军医院、红色邮政局、红色米市
场、红色饭店等几十个中央、省、市办的厂矿、企事业单位。❶ 组
织了造船、染布、缝衣、农具、铁器、织袜、铸锅、雨伞等 50 多
个生产合作社。长汀的手工业、公营工业，占了整个苏区工业的二
分之一，为根据地的巩固、发展，保证供给军需民用物资，支持革
命战争等都做出了巨大贡献。另有私营商店共计 300 多家。整个长
汀呈现一派繁荣的景象，被人们誉为"红色小上海"。❷

中华织布厂旧址

福建省苏维埃旧址

"红旗跃过汀江，直下龙岩上杭。收拾金瓯一片，分田分地真
忙"。在闽西红土地上，伟人毛泽东写下庆祝胜利的豪迈诗篇。闽
西电力不仅见证了红军焕然一新的精神面貌，也见证了闽西革命根
据地的建成。

1932 年 3 月 18 日，福建省苏维埃政府的成立，标志着福建苏

❶ 中共龙岩地委党史研究室，中共长汀县委党史研究室 . 福建省苏维埃政府历史文献资料汇编
[M].厦门：鹭江出版社出版，1992.
❷ 中共长汀县委党史工作委员会 . 长汀人民革命史 [M].厦门：厦门大学出版社，1989.

区的革命斗争进入了一个全盛时期。

　　1933年3月，刘少奇在长汀主持召开了全总苏区中央执行局全体委员紧急会议，号召工人积极加入红军。中央苏区重视工人素质能力培训，中央政府颁布《征求专门技术人才启事》，以现金聘请无线电人才、军事技术人员等；革命前后，工人的待遇得到了大幅的提升，对于电灯、布等特定类型的工人，还给予"工厂中要有茶水、厂主不得无故停工，否则要发两月工资、医药费由东家供给"等保障，工人的最低工资是原先的十几倍。因此，工人把红军看成自己的贴心人，发自内心地跟着红军走，成为"苏维埃政权的柱石"，中央苏区很快出现了工人参加红军的热潮，这其中就有当时参与汀州电力建设的电力工人。1933年8月1日，中国工农红军第一个建军节这天，中国工农红军工人师正式成立，投入到保卫苏区的战斗中。

　　谢宝金，江西赣州于都县人。1898年，出生在于都县岭背镇

中国工农红军工人师

谢屋村。家境贫寒让他自幼便饱尝生活的艰辛。生活的磨砺早早在他身上留下了沧桑的印记，但也铸就了他坚韧不拔的性格和过人的力量。

1932 年，在于都铁山垅钨矿工作的谢宝金，因其高大的身材和惊人的力气，引起时任中华钨矿总经理毛泽民的注意。当毛泽民问他是否愿意参加红军时，谢宝金毫不犹豫地给出了肯定的答案。参军后的两年里他只是一位后勤打杂人员，平时的职责就是帮助战友搬搬武器装备。直到有一天，上级给他布置了新的任务："宝金同志，你一定要守护好咱们的发电机，这是咱们队伍中唯一一台发电机，如果发电机丢失或者损坏，同志们就很难展开工作，所以你的任务重大。这是中革军委的眼睛和耳朵，没有这个机器我们打不了胜仗。"谢宝金同志在得到这台发电机后，把它看得比自己的生命还重要，发电机在则人在，发电机亡则人亡。漫漫长征路，巍巍红军魂，最开始有六名同志轮换搬运发电机，但随着战事发展以及长期露宿野外，战士们不断牺牲，到过草地时，只剩下谢宝金和另外两名战士了。在战友们都牺牲后，谢宝金只能一个人背着这 68 千克的铁疙瘩继续前行，他一边为战友们的牺牲悲痛不已，一边心里又生出了警惕：如果背着发电机过沼泽的话，万一自己陷进去了，手忙脚乱之下，必定会自顾不暇，发电机就有可能会跟着他一起陷进沼泽里。为此，谢宝金冥思苦想一整夜，终于想出了一个好办法。他找到几块木板，做了一个简易的木筏，硬是将发电机拖出了沼泽地。

过完草地，战士们马上又得翻过雪山。战友们看谢宝金每天负重前行，非常辛苦，纷纷主动提出帮他抬着发电机。但是雪山上的路又窄又滑，很不好走。稍有不慎，就会堕入万丈深渊。谢宝金婉拒了大家的好意。他把 68 千克的发电机扛在肩膀上，又拿腰带捆住，这才一步一步爬上了雪山。就这样，谢宝金和同志们历经千难万险，终于到达了延安。他高兴地把发电机交给首长，首长看着完好无损、锃光瓦亮的发电机，湿了眼眶。

后来，毛主席也听说了谢宝金的事迹。在延安的庆祝大会上，毛主席亲切地接见了谢宝金，还当着与会的三万同志，称赞他是"长征模范"。

据《长汀县志》记载，1929 年长汀苏区的木炭发电机转战瑞金中央苏区，为红军后勤物资生产继续发光发热。

在那个战火纷飞的革命时代，闽西电力事业也逐步发展。1938 年，福建省政设厅决定把漳州电厂发电机组拆迁搬到龙岩，厂房设在龙岩县城中山街后城巷姑婆宫旁（现紫金大楼）。由于当时龙岩缺乏电力技术工人，发电机迟迟无法投入使用，经福建省建设厅总工程师介绍，龙岩电工界"第一人"邱士正前来从事电力安装工作，带来了熟练的安装技术。1939 年 7 月，首台 30 千瓦直流发电机组试机安装成功，1940 年 2 月正式发电，电压 110 伏，主要供城区商店夜间照明。同年冬天，第二台 50 千瓦发电机组投产发电。

1942 年下半年，龙岩龙门湖洋人张焕成在龙门独资创办巨轮水力发电厂，安装一台 30 千瓦的立轴水轮机，110 伏直流送电，在邱士正的安装下，龙岩县首座简易水电站在 1943 年发电。

1945 年 3 月，时任福建省参议会参议员、永福地方人士陈文成等人，集资在蓝田毓秀塔下，建成一座水电站，装机容量单相 220 伏、20 千瓦直流发电机，主要供制白硝、加工大米及附近街道民用照明。这是漳平县农村第一个小水电站。当年白天用于灌溉、晚上用于发电的水渠，迄今犹存。

1945 年 10 月，时任漳平三民主义青年团（简称三青团）干事长的刘子熙等人发行股票集资，在菁城筹建漳平青年电厂，次年 10 月建成发电。配备 15 马力卧式煤气机，110 伏 10 千瓦直流发电机，年发电量约 2 万千瓦时。白天供碾米用，夜晚供照明用，仅南门街、中山路和中正路部分路段装有路灯。多数路灯昏黄暗淡，且只供电至晚上 10 点左右。

1945—1946 年，漳平永福蓝田水电站、漳平青年火电厂的建成发电，犹如黎明前初现的曙光，尽管还很微弱，但仍划破了漳平黑暗的夜空，给人们带来了光明和希望。

漳平第一家水电站——永福蓝田水电站水坝遗址

1949 年，以时任福建省参议会参议员、漳平青年电厂创办人刘子熙为首的一批国民党军政人员暗中接受中共领导，酝酿起义。6 月 10 日，召开决定起义的会议，讨论解

新中国成立前夕漳平城关全景

放漳平事宜，开展组织起义工作。6 月 21 日，漳平县城宣布解放。6 月 26 日，成立漳平县人民民主政府，刘子熙任县长。7 月 17 日，国民党残余势力反攻漳平县城，县长刘子熙与中共漳平临时工委书记钟炎商议后决定，全部党政工作人员及武装部队暂时撤离县城，转至新桥、溪南、南洋一带坚持斗争。9 月 13 日，漳平县城第二次宣告解放，刘子熙回县城主政，县人民民主政府接收漳平青年电厂，改称地方国营漳平电厂。漳平青年电厂便是那时中国的缩影，正迎来新民主主义革命胜利的光明，带来了新生的希望，翻开了崭新的一页。

星星之火渐燎原

山峦含黛、层林尽染，血脉传承、暖意萦怀。白墙青瓦的古田会议会址庄重古朴，"古田会议永放光芒"八个大字熠熠生辉。

上杭，曾经是闽西地区电力事业起步最早的县之一，也是我们党确立思想建党、政治建军原则的地方，是我军政治工作奠基的地方，是新型人民军队定型的地方。

1925 年，国民革命军第三师旅长曹万顺为振兴上杭商业，积极倡办福曜电灯公司，共发行 477 股股份，每股 50 银圆，用于购买火力发电设备，建设 50 千瓦火力发电厂一座，这是闽西最早创办的一家发电企业。次年 5 月 1 日正式向上杭城区 100 多户供电，月供电量约 300 千瓦时，自此上杭第一盏电灯亮起来了。

初创的电力工业奏响了上杭近代化的先声，同时也在闽西红色历史上留下了浓墨重彩的一笔。

1929 年 9 月，红四军击退国民党军队"三省会剿"后，闽西革命根据地日益巩固。但是，具有重要战略地位的上杭县城仍被军阀卢新铭部占领。上杭城位于汀江中游西岸，城墙坚固，三面环水，易守难攻，有"铁上杭"之称。民谣唱道："铜铁上杭，固若金汤，东无退路，西无战场，南有河道，北有鱼塘，嘱咐子孙，莫打上杭。"

1929 年 8 月中下旬，为了消灭据守上杭城的卢新铭部，中共闽西特委和上杭县委组织上万人的赤卫队攻打上杭城。由于前两次攻打均未得手，红四军回师闽西后，朱德决定采取"明修栈道，暗度陈仓"之计，集结红四军第二纵队、第三纵队、第一纵队一部、闽西赤卫队等近万人攻打上杭城。

9 月 19 日，红四军和地方赤卫队、运输队、担架队共 1 万多人，埋伏在上杭县城东北方向的汀江东岸。此时，敌人的部队对红军的行动毫无察觉，还在对岸河里洗澡、洗衣服。红军把渡河用的舟桥等准备好，黄昏时便悄悄过了河。

20 日凌晨，总攻开始。各部队按照预定的作战方案迅速投入战斗，并由地方同志作向导，从上杭城的水西渡择水浅处涉水过汀江。第一纵队进攻上杭城西门，用迫击炮猛轰，将敌主力引向西门，第二、三纵队主攻北门，另一部和赤卫队佯攻南门。当夜，上杭工人积极分子李力人秘密组织城区各行业工人群众紧密配合。福曜电灯公司的工人在红四军炮火轰击上杭城时突然停电，使得敌人一片惊慌，经过激烈战斗，红军迅速攻占了西门和东门阵地。至拂晓前，在闽西地方部队和群众的协助下，经过一夜激战的红四军终于攻克了 400 年来无人攻破的"铁上杭"，歼灭闽军 1 个旅，俘获团长钟铭清，俘虏近千人，卢新铭只身落荒逃走。在清晨的曙光中，上杭城迎来了第一次解放。

1929 年 10 月 2 日，上杭县第一次工农兵代表大会召开，成立了上杭县苏维埃政府。李力人被推举为县苏维埃政府工人部部长兼工会指导员。会后，上杭县总工会重新成立，由林权担任主席。城区建立 12 个行业工会，入会会员达 5000 余人，并组建了上杭县工人纠察队。10 月 20 日，敌金汉鼎部队从武平进逼上杭城，李力人随县苏维埃政府机关撤出上杭城到白砂。

红军出击东江时，李力人和胞兄李鸿魁同时参加，战斗失利后，他转移到广东平远。之后，李力人受党组织委派到江西会昌麻洲墟与蓝惠元一起接受任务。他假称是厦门集美高师毕业生，以教员身份作掩护，往返于万安、逐川、吉安、南昌之间，为党组织和红军输送情报，后被敌人侦探跟踪杀害。中华人民共和国成立后，李力人被追认为革命烈士。

星星之火，可以燎原。这是毛泽东同志在面对革命低潮形势时，创立的"农村包围城市、武装夺取政权"思想。苏区灯光见证了红军壮大的沧桑历程，照亮了军民团结促生产的生动局面。

星火篇

点点灯光照山海

1943年投运的桂口水电站第二台132千瓦发电机组，目前仍在运行中（永安市燕桂电力有限公司提供）

江河明珠耀闽山

碧水流转山间

闽山苍苍，闽水泱泱。

福建山地密布着繁多溪流，流程短而水量丰沛，蕴藏丰富的水力资源，省内水电站分布广，以中小型居多。2024 年 8 月，全省水电站 4000 多座，装机容量 1714 万千瓦，在华东地区居首位，在全国也名列前茅。

1918 年，第一次世界大战结束，中国迎来了工业强国的良好机遇。当年春天，革命先行者孙中山面对千疮百孔、百废待兴的落后中国，开始构思振兴文明古国的未来蓝图，当看到祖国的巍峨山峦和滔滔江河时，他不由心潮澎湃，坚定了建设水电的信心。孙中山在其著作《建国方略》中写道："当以水闸堰其水，使舟得溯流以行，而又可资其水力。"在他的指引下，南方各省对于水电建设的酝酿逐渐开始。民国初期，蔡震、冯钟豫、宋希尚等国内水利专家在考察福建山川后认为"每一闸坝之跌水，均有发水电之能力"，提出了开发建设水电站的设想。

火电方兴未艾，水电蓄势崛起。

福建水电建设发轫于 20 世纪 20 年代初，是我国第三个开发小水电的省份。继 1921 年厦门东方汽水厂创建八闽首座水电站——龙海西山水库坝后电站之后，福建水电建设之风迅速席卷全省各地，省内水电站如雨后春笋般拔地而起。

绿色脉动光明

一盏灯，点亮一份希望，也燃起无限可能。

"闽北水电之父"纪廷洪的传奇故事酝酿着如晨曦般的希望之光，正努力把电力推向公用事业的舞台。

1900 年，纪廷洪出生于南平市延平区塔前镇的白叶山自然村一个贫困农家。童年时一场飞来横祸，纪廷洪被砸断了右臂，幸得一位美籍教会医生苏雅各用当时鲜为人知的西医截肢技术挽救了他的生命。10 多年后，在纪廷洪建设西芹（合坑）电站时，纪廷洪用土法自制炸药，不小心炸药起火，烧伤左臂，仍是这位苏雅各保住了纪廷洪的左臂。从此，纪廷洪与苏雅各结下了不解之缘。❶

命运多舛并未阻挡这个渴望学习的少年探索求知的步伐，勤奋好学的纪廷洪引起了当时在山村传教的夏道镇教堂牧师陈仰周的格外关注，这个独臂少年的人生开始有了转机，在教会学校里纪廷洪开始近距离接触西方科技知识。纪廷洪在教堂里充分利用工作之余努力创造各种学习机会，他刻苦钻研的学习精神一次次打动了身边

---

❶ 南平市志编纂委员会.中华人民共和国地方志——福建省南平市志 [M].北京：中华书局出版，1994.

的教师，这些教师在他求学路上给予很多帮助。纪廷洪利用送信的机会自学英文，之后被调入南平教区干些勤杂活。在南平教区，课堂里讲的天文常识极大激发了这位少年的求知欲，授课教师借给他一本常识课本，这本书犹如一扇窗，让纪廷洪忘我地沉浸在知识的海洋里，三年的半工半读生活里，纪廷洪克

青年时期的闽北水电建设先驱纪廷洪

服重重困难，在全教区的毕业会考中勇夺第一名，这位独臂少年不懈的努力终得回报，他的出类拔萃让他成为永安育才小学的正式教师。

机缘巧合下，纪廷洪在永安与他的救命恩人苏雅各欣喜重逢。当时，苏雅各深感医院点煤油灯不便，想在永安建一座水电站，于是他把从美国带回的大量水利电力方面的资料借给纪廷洪，叮嘱他潜心钻研。一切从零开始，纪廷洪利用两年多的时间翻烂了手中的辞典，终于初步掌握了水利电力的相关知识和工程技术，苏雅各负责出面与地方驻军、工商大户赵载福、刘雨轩、张少虞等人商议集资兴办电力公司。在他们的共同努力下，永安昭明水电股份有限公司成立了，年仅22岁的纪廷洪任当时的工程设计施工负责人，电站坝址选在永安城关燕江支流河段巴溪一带，设计中纪廷洪大胆采用了当时较为先进的立轴混流式水轮机，用皮带增速交叉传动牵引。水电站于1922年秋天枯水期间正式施工。在水电站的建设中，水轮机及辅机是重要的水电设备，当时国内还没有生产水电设备的能力，设备全部依赖进口。于是，苏雅各从美国购来当时世界

上最先进的奇异电气公司的电机和水轮机；1923 年，这座 25 千瓦的水电站终于投产了，这是民国福建的最大水电站，它奇迹般地诞生在一个残疾青年手中。❶

永安水电站的建成，倍增纪廷洪探索工程技术的信心。而到何处求学，成了他最大的困扰。他请求苏雅各推荐其到工程精英云集的福州协和建筑部，从看门勤杂工做起，纪廷洪坚持不懈地学习和探索，开始了人生的又一次艰难跋涉……协和建筑部图书室里有许多当时最新的技术资料，一天，打扫完图书室，纪廷洪忍不住抽出几本水电方面的书籍孜孜不倦地研读起来，正巧这时部里刚从美国留学回来的林缉西博士进来查资料，他惊诧于这个早晨为自己打开水的独臂勤杂工抱着一本英文图书能看得这般如痴如醉。一来二往的接触中，林缉西对纪廷洪的身世有了进一步的了解，纪廷洪也常常在生活上悉心照料并帮助林缉西，两个单身汉已然成了挚友。在这位留美博士的指导下，纪廷洪求知若渴的心像一匹脱缰的马在知识的广阔天地里奔驰起来，一年多的自学又让他初步掌握了工程说明书编写、晒图等一些工程实务。纪廷洪以自己的真才实学脱颖而出，以一名勤杂工的身份被正式聘为施工员。进入留洋博士云集的协和建筑部，对没有一张正规文凭的纪廷洪而言实属不易，作为施工员，纪廷洪常年在协和建筑部的工地上奔波，实践再一次为他自学而得的知识插上了提升的双翼。❷

纪廷洪勇敢地用独臂劈开荆棘，真切触摸到西方水电技术的科学之光，毕生求索的科技知识成了他湍急跌宕的命运之河上的航

---

❶❷ 黄旭辉. 独臂奇才 祖孙一脉相承万家灯火 [N]. 闽北日报. 2002–01–21.

标。在科技天地里奋力鼓翼的纪廷洪，已羽翼渐丰，一个更大的愿望在心底萌发。1925年，他成立了协和工程处，发展水电事业，开启了他兴业报国的宏愿，纪廷洪为水电事业奋斗的足迹也从此遍布闽中北……纪廷洪师承书本，又不局限书本，他注重实践，常常在实践中迸出智慧的火花。为了保持与国际上先进的水电技术同步，纪廷洪通过外国友人等各种渠道订阅了大量国外原版的英文图书资料。家中那一本厚达20多厘米、重10多斤的英文韦氏大词典，他常常独臂挟起，走到哪儿便学到哪儿，在工地施工期间也随身携带。在消化吸收国外先进技术之后，他亲自绘图指挥监制，制成了水轮机正反转轮四个，成为中国人研制水轮机的开拓者，也是中国第一个制造水轮机的人。从此，纪廷洪开始在他主建的一系列电站上推广国产化的水轮机。

南平顺昌县白龙泉水电站旧址

抗战期间，民族危急存亡之刻，纪廷洪带着一腔赤诚的兴业报国之心，不遗余力地以所学奉献给烽火中的中华民族。1926年至新中国成立初期，纪廷洪积极协助支持山区发展水电事业，抒写了他具有价值和意义的精彩人生。他常常废寝忘食、日夜奋战，甚而冒着生命危险开展技术创新，反复钻研水电技术难题。❶

1927年，纪廷洪在南平夏道集资租赁桥头刘家水碓，创建福建商办南平夏道水电站，采用上击水轮拖动一台由汽油发电机组改造的5千瓦直流发电机，拉开了中国人制造水轮机的序幕。1930年，纪廷洪与陈必珍联手勘测选址，在西芹合坑村塔岭峰龙井瀑布处建钢筋混凝土双曲拱坝，安装功率32千瓦的发电机，次年竣工发电，于1933年扩建，纪廷洪亲手仿铸水涡轮机，增装一台功率为32千瓦的发电机，至1937年11月装机容量增至132千瓦，年发电100万千瓦时。西芹（合坑）电站建成后不断扩建，为推动南平水电事业的发展起到重要作用，后来西芹（合坑）电站由福建省政府建设厅接管。1931—1939年，纪廷洪相继考察了福建十多条溪流，同时助力顺昌、尤溪、邵武、建宁、政和、崇安（今武夷山市）、永安和龙岩等多个县域小水电站勘测、选址，指导施工和绘测、仿制水涡轮机图样。在"中国各型水轮机首台情况表"中共9个型式的首台水轮机，其中有3个为纪廷洪研制，分别是1927年3千瓦上击式水轮机（夏道），1928年40千瓦立轴混流式水轮机（西芹院口），1930年40千瓦冲击式水轮机（崇安）。纪廷洪以一颗匠心推进水电建设，为福建水电事业培养了大批技术人才，被尊

---

❶ 资料来源：1994年中国人民政治协商会议、福建省永安市委员会、文史资料研究委员会汇编的《永安文史资料》（第13辑）中收录的《纪廷洪与永安电力工业》，作者为赖茂功。

称为"闽北水电之父"。❶

　　回顾福建水电发展历程，老一代电力人的"工匠精神"是近代民族电业发展的重要基因。而"工匠精神"的基本要义，就是精工细作、追求卓越。细思量，近代闽北水电业为何能迅速繁荣？这从纪廷洪等前辈的独到匠心便可窥见一二，他们开拓创新、不懈追求，打破了水电机组由国外厂家制造的历史。时代变迁，物换星移，纪廷洪主持建设的西芹合坑、龙岩龙门等电站至今仍在继续运转。

研磨水电技术

　　民办水电事业和电机制造工业方面，在三明市大田县也出现了一位堪比纪廷洪的水电奇才、高级工程师、享有"水轮泵之父"美誉的肖冠英。

　　肖冠英，原名肖锡培，1919 年 2 月出生，大田县上京镇桂坑村人。他虽然生长在穷乡僻壤，但艰苦岁月的磨炼，使他有了远大的抱负。进入初中后，学到知识的他对机械研究有了信心。据《大田文史资料》第十辑中《肖冠英逸事》记载，肖冠英有次去武陵乡大蕃村（今为桃溪村），看到林大蕃家用水要下一道陡坡到邻居家老房子前的水井挑，很不方便，尤其是在雨天，挑一担沉沉的水，在又陡又滑的泥路上走，十分艰难。如何把水抽上去，解决生活中的不便，也许就是他发明水轮泵的初衷。后来，他通过自学，发挥

---

❶　南平市志编纂委员会. 中华人民共和国地方志——福建省南平市志 [M]. 北京：中华书局，1994.

聪明才智，利用水能，果然发明了水轮泵。所谓水轮泵即水轮机与离心泵结合为一体的中小型输水泵，又称水力抽水机。由于其结构简单，制造容易，操作方便，维修费用很低，不抽水时接动力输出轴可带动加工机械或小型发电机，特别适合山区农村使用。而他坚持自学、活用知识以及发挥自己的聪明才智使他走上了成才之路。

1939 年秋，肖冠英以优异成绩考入福建省立高级工业学校（现为福建理工大学）电机科学习。在校期间，肖冠英对各种发明创造很感兴趣，将思考和所学知识在实践中应用。"思想远大、学业勤奋、行为恳切、体格健全、个性温恭。"这是福建省立高级工业学校给肖冠英的操行评语，也成为其毕生奋斗报国的行动方向和指南。❶

1941 年夏天，肖冠英毕业后留校工作。也就在这个时候，他接触到了进步思想，并努力为党为革命事业默默付出。他以该校作掩护，悄悄建立闽中中共地下党交通站，私下装置电台供地下党通信，后来还为迎接南平军分区解放大田做了许多有益的工作。1944年春，他返回大田县参与筹办县电厂，先当技术员，后任技师、厂长。

这期间，肖冠英积极探索水电事业发展，用实际行动造福百姓、报效国家。1944 年，肖冠英自行设计施工，在上京镇桂坑建成大田县第一座 10 千瓦水电站，结束了大田没有电的历史。

次年 2 月，肖冠英利用桂坑电站与人合办元南电化厂，电解生产氯酸钾 20 余千克，成为县内首家在国民政府经济部门注册登记

---

❶ 资料来源：1995 年由政协大田县文史工作委员会、大田县水利电力局汇编的《大田文史资料》中收录的《肖冠英逸事》，作者为林毅。

的化工厂。

大田县地处闽江、九龙江和晋江三大水系支流河源地带，境内山高林密，水系发达，多年平均水资源总量19.84亿立方米。均溪、文江溪、桃源溪等主要河流的水力资源理论蕴藏量20.67万千瓦。不过，在生产力低下和科技落后的过去，人们无法抗拒自然灾害，境内发生多次危害性大的山洪和干旱。

为改变这种状况，大田人历代勤修渠、筑坝。肖冠英于1946年5月自制立轴明槽调桨式轴流水轮机，白天带动水泵在大田县城南涧陂右岸抽水灌溉赤岩农田，晚上发电，供城关照明，大大提高了灌溉效益，引起了各级水利部门的重视，水轮泵很快地进入水利工程行列。

彼时国内政治腐败，长期战乱，只能少量生产小型清水泵，水泵制造业十分落后，基本上属于修配性工业，未能跟上世界工业革命的步伐。

1947年4月，肖冠英在大田县城郊南门坝，自行设计研制一台立轴明槽调桨式轴流水轮机，这台水轮机采用木、铁、铝混合结构，以自制旋桨式水轮机带动水泵抽水，名为"水轮泵"。这台水轮泵是我国发明的第一台铁木结构的水轮泵，可以利用潮汐发电引水灌溉，不仅为农业生产作出了巨大贡献，同时也推进了我国水轮泵工业发展，大田也因此成为"全国水轮泵故乡"，肖冠英也因此被称为"水轮泵之父"。可是，这项发明因得不到国民政府的支援，又受自然灾害的破坏，以至水轮泵没有得到推广。

对这样一位有丰富学识和经验的水电专家，新中国成立伊始，党和政府就加以延揽，委以重任。1950年1月底永安解放，肖冠

1950 年，欢送肖冠英（左四）调永安电厂任职（国网大田县供电公司提供）

英奉命参与接管当时福建省最大的水电站——永安桂口水电站，保证了闽中电网安全运行。

1949 年后，肖冠英对水轮泵进一步研究，在总结多年实践水力抽水机的经验基础上，写成题为《水轮泵溉田之初步研究》的论文，向水利部倡议研制，其研制成果后来得到水电部和省电力厅的重视，并向全国推广。1958 年，他研发的水轮泵参加全国农具展览会，获得特等奖。

随着我国农业机械工业的发展，各种新型的机泵相继出现，特别是塑料轴承的研究成功，使水轮泵应用技术出现了一个飞跃，水轮泵的效能从单纯提水灌溉发展到发电、农副产品加工和满足日常生活需要，对农业的发展起了重大作用。

1963 年春，福建发生了百年不遇的特大旱灾，肖冠英设计出扬程高达 140 米的低水头高扬程水轮泵，用于抽水灌溉，让大旱之年夺得增产。时任国务院副总理谭震林得知此事，特意召肖冠英进京汇报。接着，组织国务院水轮泵参观团来闽，并在柳州召开了首次全国水轮泵会议。国家科委批准在福建成立农机部研究所，并为之颁发国家新产品一等奖，推荐优选福建型号的水轮泵。联合国粮农组织高级官员简井晖博士称赞："除中国外，没有一个国家能把水轮泵的原理研究得如此深透并变成现实，中国自己创出一条路来，他的成就大大鼓舞了发展中的国家。"

肖冠英从毕业至退休，共研制了各种型号的水轮泵、水轮机、水泵、农机及电子产品累计 150 多种，生产出十多万台供应全国，灌溉田地近 1000 万亩；他还参与建造水轮泵站、水电站 40 多处，惠泽百姓。他的事迹刊登在各种报刊、画册，载入当代福建科技名人录，流芳百世。❶

闽东水电之光

在闽中北大力开发水电站的同一时期，闽东水电开发也悄然起步了。

闽东地域群山环抱，溪涧密布，水力资源丰富。据民国政府 1922 年普查，闽东地区可开发水电装机容量 285 万千瓦，以古田县水力资源最为丰富。古田县号称"中国水电之乡"，地处闽江上游地区，闽江流域干流在古田境内全长 34 千米，如一匹奔腾的骏马，自西北向东南贯穿黄田、水口两镇，滋养着世世代代勤劳淳朴

---

❶ 资料来源：2023 年由大田县肖氏林埔大宗祠管委会编写的《大田肖氏》。

的古田人民。因受限于地理水系复杂、技术力量薄弱等因素，早期古田水电建设以"小"闻名于全省和全国，乃至成为国外水电官员和专家考察实习的重要基地。

时光穿越回100多年前，古田县的第一盏电灯刚刚在历史长河中亮起。1925年，古田县钟春芸、陈培植、蓝宝田等人集资在旧城六保龟山建成闽东地区第一座水电站，装机容量30千瓦，从此这座千年古邑进入有电时代。

今年94岁的郑寿光，是原古田县水电局退休干部，他刚参加工作时曾师从钟春芸先生，在龟山水电站当过两年多的维修工，他对当时那里发生的事记忆犹新："古田县水力资源极其丰富，从老县城到水口镇这段落差就达300多米，早在1921年，当时的省建

古田龟山水电站德国造 30 千瓦水轮发电机

设厅就派人到古田勘测水文资料，准备开发梯级电站。"

"钟春芸是在美国读的书，攻读康奈尔大学电力工程建设专业，我是跟班钟春芸，我们都叫他先生。"据郑寿光介绍，钟春芸是融资建设电站的发起人之一，他曾在美国留学，学过电力的专业知识。学习期间，钟春芸对新生事物充满期待。回到家乡后，正遇到古田怀礼医院引进一些新设备需要电力供应，还有许多商铺、戏台等都有电力供应的需求。于是，钟春芸就邀请了几个朋友办起了电厂。

据郑寿光回忆，龟山水电站在现在古田溪水电厂进水口向上200米左右，下面一个厂很大，有300多平方米，楼上还有炮台等。那个地方有个水头落差6米，渠道流量是每秒5立方米，装机

民国闽东古田龟山水电站旧址

容量约 30 千瓦，全套设备都是从美国进口的。"龟山电站的坝，不是石砌的，它是扎桩，用松木打下去，称扎桩坝，长有 120~150 米。"郑老先生说他对这个厂的记忆特别深刻，让他拥有了人生中的第一份工作。也正因为这段工作经历，他的一生从此与水电事业结下了不解之缘。

回忆起龟山电站的施工难度，郑寿光一阵感叹："受制于当时交通闭塞、技术落后等诸多限制，德国西门子水轮发电机是从福州港通过人工运输，采用最原始搬运方式，圆木作滚子，于机器下部当作轮子，人工移步抽换，步步推移挪动，历时半年多才运到古田山区。"龟山电站是闽东第一座水电站，后来钟春芸相继开发福州多条溪流，助力尤溪、闽侯等 5 个小水电站勘测、选址，指导施工和绘测。钟春芸因为闽东水电建设的卓越贡献，被民国业界尊称为"福建水电建设的导师"。

郑寿光老人说，龟山水电站为古田老城区通上电后，除供应城关居民和单位照明用电，还自办碾米厂加工粮食。他说，当地市民在电灯的出现后，不再采用烛火油灯的照明方式。老人感慨道：龟山电站虽面向社会供电，每盏电灯安装费为 3 块大洋，每月电费为大洋一元二角，供电时间是每天 3 小时。这在当时不是一般家庭能

够消费得起的。至1924年年底，古田城区电灯用户达到了89户，这些用电户都是当时的富商权贵，能够使用电灯也是身份和地位的象征。

随着福建水电站的兴建，全省山区水电资源得到有效利用，民国早期的水电之光逐步点亮普通民众的生活。截至1936年年底，福建全省仅有水电站5处，装机容量159.5千瓦，发电体量微不足

道。为此，福建水电专家林兆麟、曹玉焜等人提出"我省工业发展之所以缓慢，归咎于电能的缺乏"，呼吁民国当局依托河川资源开发中大型水电站。这种呼声很快得到政府水利部门的响应，并着手进行全面的水力资源勘探摸底，促进全省的水电规划与进一步发展。

1933年3月，省建设厅派技正陈体荣、汪培元、陈寿泽组织测量队，深入闽江流域勘测水文情况。勘测了闽江支流古田溪龙亭瀑布水力蕴藏量，测量了龙亭附近地形及水准；测量河流、流量及计算水力；选择探测了设坝、进水、设厂各地点等基础数据。抗战期间，战火未对福建山区造成破坏，省建设厅着手解决省政府内迁永安的用电问题，修建了桂口水电站，这是1949年前福建最大的水电站。1937年后受日寇侵华影响，这一时期的水力资源勘察主要局限于闽中和闽东北，且技术和经验较为欠缺，调查结果还不严谨完善，但改变了抗战以前国人认为的"水力资源贫乏""不堪利用"等错误观念，尤其是对闽江水力资源的勘测和大型水电工程建设的提出，引起了省内外人士的注意，逐步改变了国人对水电的认识，树立了未来深度开发水电的信心。

振奋人心的是，莆田籍归侨林兆麟作为福建水电行业的知名导师，很早就注意到人才教育的重要性，在家乡莆田的私立东山土木工程学校置办水利水电科，亲身讲授水电专业实用知识技能，为大型水电站建设输送了百名工程师。中华人民共和国成立初期，福建省政府接办莆田私立东山土木工程学校，经数次扩建改革后于1958年改名为福建水利电力专科学校，被称作新中国华东地区"水电人才摇篮"。

筚路蓝缕的莆田电业

微亮渐明，烛火到灯光的嬗变

莆田，古称兴化、兴安，因管辖莆田、仙游两县，又称莆仙。它有着"海滨邹鲁""文献名邦"之美称。因当地人多地少，造就了莆田人"地瘦栽松柏，家贫子读书"的勤学风气和"吃苦耐劳、自强不息，勇闯天下路"的坚韧品格。这些风气和品格支撑着莆田电力工业人锲而不舍、逐光前行，激励着莆田电力工业从跌倒后爬起、在曲折中前行，从无到有、从小到大、从弱到强，汇聚莆人、莆智、莆商的智慧与力量，谱写出波澜壮阔的电力工业发展史。

19世纪之前，莆田地区主要照明方式为灯烛，相沿数千年。在城镇地区，烛商截芦秆为烛柱，采灯芯草作灯芯浸入熔化的乌桕油中，经多次加工后是为火烛，按点燃时间，分一更烛、二更烛、三更烛，按其重量，分为四两烛、半斤烛、一斤烛。起初，火烛须插在烛屏上，以保持直立，烛屏为木、锡、铜、银等重物，同时为了避风，配置以薄绸或琉璃的透明防护罩。后来为了轻便移动和灵活使用，人们以竹篾条编成空格圆笼，外面包一层薄桑皮纸，

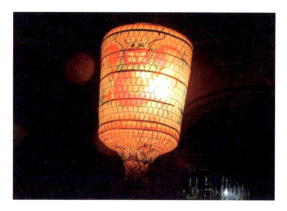

莆田市非物质文化遗产——油纸灯笼

《中国电业史料选编》记录

绘图或写字后，刷一层透明桐油，即为莆田油纸灯笼。油纸灯笼极具使用价值和观赏价值，因其独特的制作工艺和文化内涵，被列入莆田市非物质文化遗产。时至今日，油纸灯笼仍广泛应用于除夕、春节、元宵等传统民俗活动中。

19 世纪中叶，煤油灯成了家家户户的必用品，而煤油更是家家户户的必购品。钨丝电灯的发明，给照明革命开启了一个新的纪元，照明方式的发展日新月异。根据《中国电业史料选编》中经民国交通部立案的电灯公司统计表记载，商人杨辂在 1917 年莆田城内创办莆田电灯股份有限公司，但是不久后因故停业，已难以找到相关具体档案记录。

1919 年，在莆田仙游地区美以美教会所创办的女医院（仙游协和医院）购置了美制德尔科 3 千瓦直流发电机组和 120 伏蓄电池组，供应医院内部照明和抽水用电，点亮了莆田地区有具体记录的

第一盏电灯。❶1922 年，莆田地区美以美教会运进一台美制德尔科
1.5 千瓦发电机组，配合第一部活动电影机，常在莆、仙一带巡放
映，这是莆田第一台照明发电机。❷1923 年，仙游美以美教会设立
的道德女子学校也购进一部美制 7 匹马力火油引擎，拖带一台 4.5
千瓦交流电机，供学校照明使用。

20 世纪初，短短数十年的时间，莆田地区的照明方式发生了
翻天覆地的变化。那个时候莆田还没真正意义上的电厂，电灯仍未
得到大范围的应用，但是电灯的出现也让莆田人民看到亮光的希
望，激发仁人志士在城区、涵江、仙游等地尝试办厂。

1911 年，日本人森田吉郎游历到仙游九鲤湖，认为这么大的
瀑布是他前所未见，于是向仙游知县周鸿荃申请创办水电。周鸿荃
就召集各界人士会议征求意见，黄学敏、刘锦龙、郑赞化等表示反
对，提出自行集资兴办的倡议，正准备集资进行具体筹划、自力建
设水电时，恰逢辛亥革命爆发，创办计划不得不中止。

民国初年，厦门华侨领袖林尔嘉因与莆田县梅洋江侍御江春霖
为故交，资助他的儿子江祖筵在涵江经营电厂，在延宁宫附近购买
土地建造厂房，在厂房建成后，也因时局动荡中途停顿。这些先驱
者的探索和尝试，都为莆田电力工业的后续发展做好充分准备和铺
垫了坚实基础。

---

❶ 资料来源：1999 年由福建省莆田电业局编写的莆田电力工业志。
❷ 资料来源：1980 年由中国人民政治协商会议福建省莆田市委员会文史资料研究委员会编写的
《莆田文史资料》（第 13 辑）。

勤学报国，一个人点亮一座城

1902 年，一轮鼠疫无情地降临在莆田江口邦尾村，摧毁了年仅 10 岁的吴仁民温馨的家庭，留下 13 岁的哥哥吴仁元、1 岁的吴仁发与其相依为命。三兄弟无依无靠，只能寻求当地基督教友援助，牧师见三兄弟机灵懂事，先后介绍他们到莆田黄石善育堂（孤儿院）生活。吴仁民十分珍惜这里给他提供的半工半读的机会，于 1904 年春季被兴郡中西学堂录取（1907 年改称莆田私立哲理中学，1952 年由人民政府接管改称莆田第二中学）。兴郡中西学堂是美国传教士蒲鲁士、蒲星氏夫妇创办，引进物理、化学、英语、体育等西方文化课程。吴仁民在这里既可以学到传统的中华文化，又有机会学到西方文化，他刻苦耐劳、聪颖好学，得到先后两任校长章哲明、蒲星氏的赏识，并于 1911 年在蒲鲁士、蒲星氏的大力举荐下，获得了教会奖学金赴美国留学。在美国，吴仁民继续勤工俭学，先后于 1916 年 6 月获美国甘撒省西南大学物理系理学学士学位，1919 年 7 月获美国麻省波士顿大学理学院理学硕士学位。

1919 年 10 月，吴仁民回到哲理中学，先后担任监院、训育主任等中层职务，而后继任校长。讲坛上，他把留洋学到的科学知识，结合本土实际，形象生动地传授给学生，学生们听得既神奇又受益，大开眼界、如坐春风。每当夜幕来临，吴仁民看到校园昏暗、街道漆黑，就萌生了在莆田创办电厂的想法。他当即联系几位志同道合人士，呼吁城中知名人士重新筹建莆田电灯股份有限公司（简称莆田电灯公司），自己亲自出任经理。在吴仁民的带领

下，莆田电灯公司购买了一套美国产发电机器，配备 37 匹马力柴
油发动机、西屋牌 25 千伏安三相交流发电机，在城内湖岸靠近哲
理中学处选址兴建电厂，经过筹备、募集技工、架设输电线路等一
番忙碌，终于在 1925 年正式发电，给千年古城带来别样的光明。
当时莆田电灯公司每天下午 6 时至 11 时发电，莆田城南的军政机
关、主要街道以及文峰宫等较大商店和哲理中学都在供电范围内，
实现了莆田地区第一次成片化的供电。与此同时，吴仁民还耐心给
学生们讲解机械能转化为电能、电能转化为光能的电力照明原理，
在学子心中埋下追逐光明的种子，他还因势利导，满怀热情和真诚
勉励大家勤奋刻苦读书，掌握科技本领，给国家给民众带来更多福
祉。一番语重心长的话语，深深烙在莆田学子们的心坎上。在那一
刻，莆田学子们的眼中闪烁着坚定的目光，他们的心灵深处仿佛被

莆田地区哲理中学旧址

新中国成立前涵江街区线路

点燃了一把熊熊燃烧的火焰，前辈的指引化作了他们前行路上奋斗的目标和行动。

随着电灯照明不断普及，莆田电灯公司原先购置的发电机功率太小，发电量不足等问题呈现。1927年，莆田城区、涵江两地有识人士为了适应地方用电需要，共同商议筹建涵江电灯股份有限公司，在涵江延年扩建新电厂，于1927年成立电力公司董事会，其主要成员多是涵江殷实商家。他们公推著名商人陈镜鸿为董事长，方家明、方家凤、江祖筵及余景陀等为董事，并依旧推举吴仁民任经理。同年，涵江电灯公司利用早期办电搁置的延宁宫厂房，新购置德国造200匹马力四缸柴油内燃机，搭配西门子132千伏安三相高压交流发电机，聘请余献延为工程师，设计规划供电事宜。在涵江配备降压变压器，成功点亮涵江的主要街道商店和政府机关。同时，延年发电厂铺设3条高压电线，以6600伏电压由涵江向莆田城关输电，建成莆田第一条高压线路，大幅满足两地照明和其他用电需求。自此，涵江电灯股份有限公司兼并了原莆田电灯公司，统一供应莆田城关、涵江两处的用电照明，莆田地区供电范围持续扩大，原城内25千瓦机组随之停役。吴仁民用心经营电厂，看着公司一步步发展，仿佛看到自己孩子在慢慢成长，看到莆田城区街道的灯火阑珊，内心感到由衷的欢喜和欣慰。

四起四落，两代人的前赴后继 ❶

黄学敏，清末贡生，出身于仙游会仙巷的黄氏教育世家。他先后创办孟晋公立学堂、孟晓公立学堂，曾任仙游教育学会会长；其三子黄碧青，曾任仙游枫亭铸青小学校长、创办阜莘小学。黄氏父子在经历了第一次办电失败后，并没有减少当地乡绅的办电的热情，反而更加坚定了他们办电的决心。

1920 年，黄学敏倡议由仙莆两县联合筹办九鲤湖水电，得到两县人士的积极响应。仙游公推黄学敏为代表，莆田推张琴、宋发祥、辜招贵为代表，并请美籍教士蒲鲁士的儿子蒲天当技师。蒲天亲自到九鲤湖测量了瀑布的水量和落差，认为这是亚洲东部最大的水力。经过多次详细论证，最终确定拟在九鲤湖设立水电总厂，在仙游九龙岩和莆田智泉岩各设分厂，为莆田、仙游两地供电，与此同时也拟定了具体章程印送各界，计划集资 10 万元创办九鲤湖水电厂。1920 年 4 月底，相关报省立案、报部备案等手续均通过时任省长陈炯明批准，大家兴致勃勃，都认为办电事宜马上即可排上日程。但是因省内政治局势突然发生变化，省长陈炯明调任广东，北洋军阀把持了福建省政权，创办九鲤湖水电事宜就此搁浅。

1921 年，黄学敏见办电进展缓慢，心里焦急万分，赶忙又联合莆田、仙游两县的发起人，呈请仙游县政府转请省实业厅查明旧案，尽快批准仙游县九鲤湖水电建设事宜。省实业厅要求仙游县政

---

❶ 资料来源：1991 年由中国人民政治协商会议福建省莆田市委员会文史资料研究委员会编写的《莆田文史资料》(第 7 辑)。

府重新勘查后再报送省厅批复。时任仙游县长陈焕然委派委员陶云青、主任技师林炳廉再到九鲤湖重新开展实地勘察，并详细绘就建设图纸，报送省实业厅后才给予批准立案。后续，又按照省实业厅的要求，编制了安装详图、说明书、计划书、经济核算书相关材料，并转交通部批准立案，再行呈请农商部发给开办营业执照。虽屡经周折，手续终于全部办妥，两县人士都认为成功在望，设厂开光指日可待。随即推举蒲天、宋发祥之弟宋庆祥、林天和等人负责前往上海采购发电机等设备仪器，并寄存在美孚火油洋行经理辜招贵处。终于万事俱备，大家都热火朝天地准备厂房建设事宜，不料福建省政局又发生巨变，粤军再度入闽，各地战事不时发生，于是仙游九鲤湖水电公司成立的希望又再次破灭，先前所有的努力尽毁于一旦。此次办电过程中，手续办理和设备采购等共花费了约一年半，黄碧青代表其父黄学敏上下奔走、亲历艰难，印象最为清晰、体会最为深刻。

1925 年是黄学敏 60 大寿，他念挂着为家乡办电，对其子黄碧青说："多年以来，我一直在追求仙游县的电力事业，如今我年已花甲，唯有这一心愿未了，希望你有朝一日能够帮我实现。"黄碧青牢记父亲嘱托，再次重整旗鼓，积极奔走联络，与本县人士薛天恩、戴启熊、陈扬清、傅舜英、徐应昌等人再行组织筹委会，请黄学敏为顾问，从头开始筹备电厂创办事情。此次办电没和莆田地区联办，所以只计划在九龙岩设立水电厂。通过初步测算，至建成发电时，共需钱款约 17000 元，各筹委会成员先后募集股金后，便开始组织开展采购设备事宜。1925 年 12 月 27 日，筹委会与泉州安海汽车公司技师郑天德订立合同，委托他购置全部水电机组设备，并负责筑厂、安装等工作，并由安海商家义美号担保。技师郑天德先后支取了开办费 3000 元，又支出机器运费、杂费 1500 元，实共支去大洋 4500 元。正当大家翘首以盼、觉得成功在望时，万万没想到郑天德收了这 4500 元后，并没有去订购机器，而是携款潜逃，带着家眷前往南洋。而担保商户安海义美号也关闭逃亡。办电一事人财两空、损失惨重。筹备发起人多次向晋江法院起诉，又呈请兴泉永镇守使孔昭同派队追查，仍然毫无结果、音讯全无。经过四次艰难挫折，历次的发起人都心灰意冷，认为创办仙游电厂实在没有希望了。1927 年 11 月，黄碧青又再邀请旧发起人薛天恩、戴启熊、郑赞化等分头进行招股，但响应的人寥寥无几，无奈办电之事只能作罢。

历经失败的黄碧青，从未放弃过办电的理想。1928 年，在整顿数月后，他又召集薛天恩、戴启熊、郑赞化等人到仙游县政府进行磋商。经过几人研究讨论，准备转变思路，放弃原来在九鲤湖创办水电的方案，改在城内建设热电厂。同时，黄碧青也优化了招股方式，先招请 10 名发起人，再由每人负责招 10 股，每股股金 100元。后来，薛天恩因为要另办医院，就辞去发起人职责，黄、戴、郑三人就又招请郑凤翔、陆松卿、傅宴芹、黄本朱、陈谨初、沈巽三、郑少斋七人加入。后经多方论证，最终拟定将城内回龙庵作为厂址，另建一座石屋作为机房，并初步规划了相关线路建设事宜。这一次，他们吸取上次办电教训，推选黄碧青、陆松卿、郑凤翔三人亲自前往上海购置相关设备。1928 年 8 月，他们先后向德商禅臣洋行订购 100 匹马力的柴油机和 80 千瓦交流发电机各 1 架，加上运费、机师安装费、工薪等费用，共花费了 25000 余元。后续又

购置电线、电杆及附属品等又花 22000 余元。另建筑机房、修理
办公处，以及技师、技工等工杂费等共用 2500 余元。1928—1929
年，2 年的时间内，共花费大洋 5 万余元。所有的费用均由 10 个
发起人负责招股并垫付。

　　1929 年 11 月 1 日，在黄氏父子的努力下，先后历时近 20
年，经过多次惨痛失败难产的仙游电灯股份有限公司（简称仙游电
灯公司），终于在这一天于城内回龙庵隆重举行了开光典礼，并正
式供电营业，开启了仙游地区用电的新纪元。在开光典礼上，黄碧
青说道："凡开业典礼，似属普通，惟本电灯开业典礼，实为吾邑
数千年来未有之奇逢，且吾邑于二十年前，欲得开此一会，而不可
得，至今日才得实现，将来为地方造幸福，为社会进文明，不独鄙
人所欣慰，亦为敝厂同人所欣慰，并且为诸君和全邑人民所欣慰，
岂可以普通开业典礼例之乎。"语气中充满欣慰之情的同时，也蕴
含了二十年办电历程中的艰难和心酸。大家正式推举黄碧青为董

1929 年 11 月 1 日，仙游电灯股份公司成立时期股东留影

事长兼经理，陆松卿、郑海洲为会计和出纳。其他发起人或为董事，或为职员。当时仙游电灯公司的供电范围东至东门，西至半度街，南至圣公会和南门街，北至美会道德、模范学校、女医馆。由于当时用电成本较高，所以用户大多都是机关、学校、商家，民户用电不多，发电主要用于照明，未用于工业生产。

1929 年，仙游电灯股份公司开光典礼时黄碧青在开光典礼上的报告

曲折前行，战火中再次陷入黑暗 ❶

在仁人志士努力后，莆田大地迈入电灯照明时代。但电厂马上又面临了新的经营问题。由于时局动荡，大宗商品价格大幅波动，柴油价格连年涨价，给以柴油为主的火力发电厂的经营带来巨大的压力。1927 年涵江电灯公司创办初期，募集的 12 万元股金就已耗尽，后又吸收了社会筹集的万元资金购置变压器和电度表来增扩供电，首次实现了按电度收费，每度电三角两分，这个时期电厂还有

---

❶ 资料来源：1986 年由中国人民政治协商会议福建省莆田市委员会文史资料研究委员会编写的《莆田文史资料》(第 2 辑)。

1938 年 12 月，改制后福建省公用事业管理局莆田电厂证明书

盈利。1929 年之后，因进口的机组柴油不断涨价，发电燃料成本猛增，仅靠照明收入几乎不能维持生产，厂方为了克服经济难关，设想开辟动力用电户，为多家碾米厂供应下半夜的动力用电以增加收入，开启了莆田生产动力用电的先河。尽管如此，用电大户国民党政府机关及军警常年不交电费，且民间偷电现象越来越猖狂，使电厂的日常经营陷入困境。

涵江电灯公司计划通过发行辅币的方式筹集资金，用于投办水电站，降低发电成本，改善电厂的经营情况。1934 年，涵江电灯公司开设了永通角票局，发行了一角、两角、五角辅币上市流通，因为是由电厂发行，所以信用较好，短期内发行额就达数万元，电厂经营资金得以暂时周转。本来大家对创办水电信心满满，不料又发生了意外。当时负责经营永通角票局的经理由电厂原会计李某兼任，而李某竟是狂赌之徒，数万元资金竟被他一夜输光。市民闻讯，持票纷纷前往永通角票局挤兑，永通角票局因为资金链断裂，不得不宣布倒闭。于是市民又纷纷前往电厂要求兑现，涵江电灯公司也不得不承担责任，答应用户在后续以搭配半数的永通角票抵交电费。这样一来，原本资金就捉襟见肘的涵江电灯公司，经济状况急转直下，财政亏空十分严重。

1935年，涵江电灯公司无法维持经营，因而改选郑琴德为经理，并设法请求国民党福建省建设厅接收电厂。建设厅当即派浙江大学电机系毕业的钮其如为主任，组成莆田涵江电灯公司整理处，大力取缔偷电行为，严格执行收费制度，使电厂得以继续维持下去。但是1937年日寇侵华后，柴油供应中断，莆田涵江电灯公司从此停办。

在日军封锁之下，莆田、涵江地区有志之士仍然想方设法发展电力工业。曾任涵江中学校长的黄昭麟与涵江实业界人士筹集资金、聘请人才，于1940年建立莆田第一座水电站——八濑溪水电站，通过铁木结构的水轮机车带动40千瓦发电机发电，用于就地加工谷物及试产电解产品氯酸钾，但由于时值战乱，治安混乱，被反动势力破坏毁于一旦。

在仙游地区，1929年仙游电灯股份公司成立之初，正值柴油价格飞涨期，一开始电厂经营就入不敷出，惨淡经营了10年，于1939年被福建省建设厅接收。直至1943年，因生产操作不慎发生事故，气缸、机器全部爆炸毁坏，发电中断，电厂因此停办。

至此，经过短暂光明的莆仙大地重新陷入黑暗，但是电力先驱者百折不挠、坚韧不拔的探索精神，在人民的心里埋下了光明的种子，为中华人民共和国成立后电力工业腾飞奠定了基础。

龙溪沃土引光明

　　漳州，闽南民系城市之一，位于福建省最南端，与台湾岛隔海相望，处于厦门、汕头两个经济特区之间。座山面海，山清水秀，历史悠久，文化灿烂。是一座历史悠久的千年文化名城，著名的"鱼米花果之乡"。全市旅居海外的侨胞、港澳同胞70万人，归侨、侨眷50多万人，是漳州对外开放的一支积极力量，也奠定了漳州工业发展的人文基础。

华侨兄弟亮首灯

　　坐落于福建最南端的漳州，在闽南工业先驱侨胞林秉祥的带领下，点燃了漳州电力史上的初光。

　　辛亥革命成功后，海内外亿万人激奋，普天同庆。中华民族经济发展也迈出了走向工业化的第一步，国内外仁人志士将满腔的爱国热情致力于国家的工业化建设，追赶世界经济潮流、实现民族复兴，漳州电力工业便在这伟大历史变革中兴起。1913年华侨林秉祥邀请侨友及地方绅士共同出资，在石码西湖亭开办石码华泰公司，并以此为起点全面掀起漳州电力发展浪潮。

漳州是福建重点侨乡祖籍之地，这得益于"海上丝绸之路"龙海月港的存在。明朝中后期，僻处海隅的月港一跃成为"海上丝绸之路"唯一合法的民间海上贸易始发港，繁盛时期拥有 18 条航线，通往东南亚与西亚、拉美、欧洲等 47 个国家与地区，在长达 200 多年的历史长河中，这里海舶鳞集，商贾咸聚，东西交融，丝路繁华，大明海商聚集到这个号称"闽南大都会""天子南库"的大舞台，经略海洋。

清末，漳属各县到南洋谋生者很多，林秉祥父亲林和坂便是其中之一。林和坂年少时，因其一家生活无着，便在 16 岁那年从月港搭帆船南下西洋谋生，先后在印度尼西亚、新加坡等地，或当雇佣，或经营小商店，但境遇不佳，总不起色。后在其舅舅的介绍下到龙溪同乡黄敏的公司当伙计。当时黄敏公司为星洲（即新加坡）内华人规模最大的出入口商及船务业。黄敏观林和坂精明干练、多才善贾，临终前便召其为婿。黄敏去世后，公司大业落在林和坂身上，后经努力，其所经营的丰源航运公司成为巴里货物与产品的最大出入口商。

1873 年，林秉祥在福建龙溪县出生，童年在家乡念私塾，攻读经史，精研要义。19 世纪末，林秉祥南下接受英文教育，成为能运用中英双语的杰出经济人才，并聘入黄敏公司、丰源航运参与企业运作，积累了丰富的商场经验、知识和人际关系。1903 年，林秉祥暂时休战商场，回国旅游考察，

林秉祥照片（图片摘自龙海文史资料《林和坂、林秉祥》专辑）

除了饱览祖国的风光与历史遗迹外，他还考察了国内的工商业情况，为其创办和丰企业奠定基础。1904 年，林秉祥组织和丰公司后，公司属下各机构都非常顺利与和平发展。尔后，他创建的和丰轮船公司，更是独执东南亚航运业之牛耳，睥睨国际航运界。

为了拓展华侨经济力量，吸引游资，把握金融命脉，林秉祥独具慧眼，进军金融行业。1912 年，林秉祥会同陈嘉庚等人发起合资创办华商银行，虽然规模较小，发行资金只有 200 万元，但是华商银行的成立标志了闽帮领袖的大团结，以及新移民与海峡华人的携手合作，也为林秉祥商业版图的进一步壮大迈出了坚实的一步。后续，他大规模发展加工厂，兴商会、建银行，集航工商于一家，成为东南亚华侨史上的一代侨雄，曾任新加坡中华总商会会长，为其资助国内革命与地方发展奠定了基础。

林秉祥在担任总商会会长期间，积极筹办捐款，购买公债，以资助从清朝过渡到民国的中国政府。他爱国爱乡，在家乡创建现代工业，自 1913 年起，他引进外资、先进设备和人才，在家乡兴办电气、机织、农林等实业，成为当地现代工业的先驱。他取诸社会、重投资于社会、用诸社会的观念，受到各界的好评。1915 年11 月，国民政府大总统颁发三等嘉禾章并赠木质浮雕巨匾一块，上书"急公好义"金字。

第一次世界大战结束后，林秉祥再次回国游历考察，途经沪杭、津浦、京汉、粤汉等铁路线，看到了不少大中城市，无论工商业、交通运输、文教事业等都比家乡发达。在杭州游历时，林秉祥看见到处种桑养蚕，男耕女织；在广州看到了发达机制纺织业，到处可闻嘟嘟隆隆的纺织机声，许多家庭妇女在纺织厂里做工。不似家乡妇女，除了操作家务外，没有其他工作。为了繁荣家乡，林秉祥决计第一期投资 50 万元，作为建设发展家乡经济、教育、文化、卫生等方面的费用，并邀请厦门大学校长林文庆和厦门招商局局长张国宝前来协助设计工作，先后建成建祥电机织造厂、浒茂采蘩学校、采蘩医局等，促进了家乡的发展。林秉祥一生好善乐施，乡人有口皆碑，"采风德范造福桑梓，蘩基茂业恩泽子孙"，这是至今仍悬挂在林秉祥故居里的一副对联，也是林秉祥一家爱国爱乡的真实写照。

话分两头，在华泰锯木创办之前，漳州电力工业仍是白纸一张。它的成立为漳州电力工业发展历史完成了零的突破，也为地区工业发展注入了新活力，犹如星星之火，点燃希望之光。

彼时时局混乱、乡民艰难，地方绅士对于电业发展并不看好，即使有个别人员蠢蠢欲动，也都在传统封建思想的影响下选择观望等待时机。开局的举步维艰并没有让林秉祥、林秉懋兄弟望而却步，为了尽快得到地方绅士和各方的资金支持，林秉祥另辟蹊径，决定先从有海外经历、领略过电力工业红利的侨胞开始游说，兄弟二人不辞辛劳，以满腔的爱国爱乡热情，到处奔走游说，最先邀请侨友林文狮、李双辉等人参股。在这些侨友的带动下，原先处于观望的地方绅士连城珍、郭子希等人也纷纷提出合作意向，积极参股。最终集资 5 万元，1913 年，石码华泰公司才得以顺利创办。

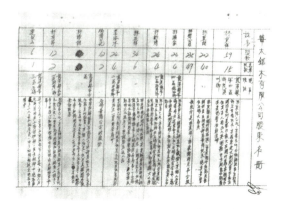

存于龙海区档案局的华泰锯木有限公司股东名册首页

石码华泰公司最初分为 500 股，股东 28 人，其中华侨 10 人、投资 412 股，地方绅士 18 人、投资 88 股；设总董、协董各 1 人，董事 5 人，监察 2 人，经理、工程师、庶务各 1 人，司机 8 人，外线工 2 人。后面为扩大公司规模，继续招募资金，股数发展至 1069 股，股东人数发展至 36 人。

石码华泰公司地址在石码锦江道西端，系临江而建。选址初衷旨在若将来码头建成，此处变为交通要道，水陆交通均甚便利。1913 年仅置 10 匹、20 匹马力煤油机各一台，专供锯木动力。1915 年华泰公司为改善当地居民生活条件，增置了一台 16 千瓦电动机，并在石码镇海关后巷架设供电线路，这也是漳州第一条供电线路，专为石码居民供 16 烛光 ❶ 电灯 800 盏，公司改名为石码华泰电灯总公司。线路电杆材料区别于早期的木制材料，整体均采用钢筋水泥材料，增强了线路抵御风雨的能力和供电可靠性，线路出线连接至门型电杆，后经方形水泥电杆分送至沿途石码居民家中。石码居民自有电灯照明始，彻底点燃了当地居民的希望之光 ❷。

1916 年 5 月，该公司有 3 台总容量 208 千瓦直流煤气发电机组投产发电，专供照明之用。1917 年定名为石码华泰锯木电灯股份有限公司（简称华泰电灯公司），1921 年首先利用电力碾米。但受限于当时的技术及管理运维水平，1922 年 8 月华泰电灯公司曾失火一次，所幸当时管理人员发现及时，主要设备损失不大，但修理机械、添盖厂屋等工作也停电整修了 42 天，耗去 3000 余元，几乎为近三年间一半的盈利。1923 年增集股份，增添 132 匹马力

---

❶　发光强度单位坎德拉的旧称。
❷　资料来源：2017 年由龙海市政协文史委编写的《龙海文史资料　林和坂、林秉祥专辑》。

石码华泰电灯有限公司旧址及遗留的 3 号电杆、门型出线架照片（现存龙海区石码锦江道旁）

1955 年石码华泰锯木电灯有限公司损坏的四台机器处理意见

柴油机和直流电动机等设备，为 40 余家米厂供电碾米，使石码成为九龙江西北二溪稻谷加工集散地，加工大米运销厦门、泉州、汕头、港澳等地，促进了当地种植业的发展。直至 1938 年厦门沦陷，华泰电灯公司停止发电，1939 年机器设备被当局拆迁永安、龙岩。至此，华泰电灯公司便被一直遗忘在九龙江畔，见证着抗日战争和解放战争的历史进程。

漳电之光照征程

在华泰电灯公司的影响下，龙溪县民营火力发电厂竞相创办。

石码的"青年""新生"、海澄的"其昌"、白水的"陆丰"，角美的"裕民""龙溪电灯"等陆续开办碾米、照明相结合的营业性火力发电厂，彼时火力发电争先发展，为漳州地区生产和生活用电带来了极大的便利，彻底改变了当时人民的生活方式。

在这些民营火电厂当中，当属龙溪电灯股份有限公司（简称龙溪电灯公司）最具规模。龙溪电灯公司的成立也同样充满了曲折。该公司发端于1913年10月，最先呈请者为龙溪地方人士蔡荣堂、林子达等人，其意欲以漳码电灯电力公司名义，总揽漳州、石码的电气事业。该年12月，石码地方亦有组织电力公司的动机，举林振家等人为代表，呈县转省立案，并请专利20年。当时由于中央及省道各有主张，未能即行解决。后又有曾国恩等人，由厦门商会转请县署立案，亦欲以漳码二处，合并一起，归其独办。于是蔡、曾遂起争端，蔡以呈请在先，奉部核准，然也延未开办，而石码华泰已于此前开灯。此后蔡、曾放弃争执，联合一处，在该年7月呈请注册，复与石码华泰经一度之争执，始改为龙溪电灯公司，正式立案。

龙溪电灯公司为股份有限公司，最初招股集资10万银圆，以龙溪城乡各街道为营业区域，在1916年7月创办。地址设在陆安东路，即旧时东门兜。职员有董事7人、监察1人、经理1人、庶务会计书记等5人、技师1人、机厂工匠及内外线匠10人，经理为廖伯棠，技师是李荣钢。

龙溪电灯公司成立后，以1680银圆购置陆安东路25号设置发电所。1918年1月，第一台英国制造的50马力原动机，配美国制造的30千瓦三相直流煤气发电机发电，供城区主要街道夜间照

明。同年年底，增装 1 台英国制造 80 马力原动机，配美国制造 50
千瓦直流煤气发电机投产，照明用电发展到 16 瓦电灯 5000 盏。后
续又新增设备，供 16 瓦电灯 7000 盏照明用电。1922 年夏间，发
电机因运维不善相继损坏，导致发电量不足，电灯明暗无常，颇为
当时社会所指摘。而后，又从上海运到新机，当时正值市政改良之
时，该公司稳稳把握良机，妥善经营，期间也盈利颇多。但好景不
长，往后几年，地方政局动荡加剧，公司经营不善，加之社会窃
电成风，致使公司连年亏损负债。龙溪电灯公司不得不于 1930 年
进行改组，重新注册，领取国民政府工商部执照，并吸收官绅参
股，集资总金额为 10 万银圆。改组之后政局动荡加剧，经营未能
好转。1931 年，发电量仅达 2.4 万千瓦时，而线损率高达 54%。
往后几年，设备常年带病运行，零配件进口不易，维修费用又没有
来路，导致机组时开时停，长期处于低电压运行，供电区域一再缩
小，至 1936 年照明用电减至 2000 盏左右，龙溪电灯公司连年亏
损，无力维持。至 1937 年，省建设厅对龙溪电灯公司折价接管，
重新募股，公司改民营为官商合办，易名漳州电厂 ❶。

在石码首灯的照耀下，漳属各县也逐步开启了有电的时代。
1921 年，美国基督教归正公会与小溪基督教会，联合集资在救世
医院安装 1 台美国制造的 3 千瓦汽油发电机组，供手术照明之用，
从而开创了平和县发电的历史。1923 年，与平和毗邻的漳州南靖
县，在山城圩绅士刘金声、黄印生、李客秋、许大卸等人的推动
下，集资创建了南靖县首座火力发电厂。尔后，漳浦、华安、长泰

---

❶ 资料来源：1997 年由《漳州电力工业志》编纂委员会编写的《福建省电力志丛书　漳州电力工
业志》。

3县在民国时期陆陆续续有地方绅士开办创厂，建成三地首家电力工业企业。

民国时期漳属各县创办的火电厂，曾一度充满希望，推动了地方经济发展，一定程度上改善了当地居民生活条件。然而，却无一例外走向了衰败。彼时，国内社会局势动荡，社会环境极其不稳定，导致火电厂的运营面临极大的困难。再者，资金匮乏也是当时火电厂走向衰败的重要原因之一。火电厂的建设和运营都需要大量的资金投入，这无疑超出众多投资者的预想。特别是在当时岌岌可危的社会环境中，经济十分落后，银根紧缩，企业资金筹集困难重重，在这种情况下无论是新建火电厂还是维护已有的电力设施，都显得力不从心。而缺乏资金以及专业的技术人员，使得火电厂的技术更新和设备维护都成为问题。这便使得众多火电厂运行不稳定，最终无力维持而倒闭。

诚然，民国时期的漳电事业虽多波折，但其意义远不止于技术层面的尝试。电力的引入如同破晓之光，照亮了漳州人民追求美好生活的道路，也激发了人们对未来无限的畅想。

辉耀文明的闽中之光

　　三明，地处闽中，是一座古老而又年轻的城市。千年以来，三明行政区划虽经多次调整，但这方水土滋养的多元文化相互交融，留下了许多历史印记。

　　同样，三明在近代电力发展中点亮了文明之光，推进城市从农耕时代向电气时代转化。从 20 世纪初永安县城亮起第一盏灯，到城乡的星火燎原；从先辈们由零开始实业救国筚路蓝缕，到沐浴战火洗礼毅然抗争前行。一路走来，充满着艰辛和坎坷，也闪烁着梦想和荣光，三明电力的发展见证了人类社会的发展和进步历程。

20 世纪 60 年代的三明城区（列东、列西）景象（林年华　摄）

21 世纪 20 年代的三明城区（列东、列西）（林文斌 摄）

微光烬明拓明电

闽中电业发端在永安。20 世纪初，在闽西北的小城永安，亮起一盏电灯，划破了这座小城沉寂的黑夜，也开启了三明的有电历史。而三明的电力工业发展史，是由一个美国人揭幕的。

鸦片战争以后，清政府与西方列强签订了一系列不平等条约，中国国门被迫打开，西方传教士陆续涌入中国。他们在传教布道的同时，还通过开医院、办学校、行慈善等途径传播基督福音。

1918 年，三明永安来了一位叫苏雅各的美国传教士，担任基督教会医院院长兼医师。为了教会、医院工作的方便，他有了建水电厂的想法，电力在闽中随之孕育而生。

1921 年，苏雅各集资筹到光洋❶8000 元，利用股份制创办永

---

❶ 即银圆，又称现大洋、大洋，因币面上以袁世凯为头像的较多，而袁世凯是光头，所以亦有"袁大头""光洋"的别称。

安昭明水电股份有限公司。^❶1922 年，水电公司对永安南门外的巴溪原水车碓进行改造，利用其上游 500 米处的木笼土石坝引水发电，水头最高 3.05 米，最低 2.05 米，正常水位水头 2.75 米。利用水量 0.986~1.07 立方米／秒，春、夏、秋可满发，冬季水量减少，通过换皮带轮变换速度以调整电压。电站于 1923 年建成投产，首次在闽西北地区将水能转换成电能。电站装设 25 千瓦水轮发电机，每天发电 12 小时，以 480 伏电压向城内送电，再降压到 110 伏供给用户，供应计量灯 5 户和定额灯 450 户照明。^❷

永安初始供电时，城内县政府、县商会和军队，以及新街、大同路、中华路、西门街等商店都装了电灯，那时每月按盏收费，灯泡亮度大致有 60 支烛光一般亮度，收费不高，较点油灯稍贵。县衙门前新街处的墙上装有一木制"电"字，字上装有 10 个长型大灯泡，发电时，开关一拉，十个灯泡全放光亮，周围一片亮，十分

---

❶ 资料来源：1992 年由中国人民政治协商会议、福建省永安市委员会、文史资料研究委员会汇编的《永安文史资料》（第 11 辑）中收录的《永安昭明水电股份有限公司》，作者为邓家焕。

❷ 资料来源：1997 年由陆超虎主编的《三明电力工业志（1923—1990）》。

显眼。装上电灯后，黑夜如同白天，居民非常高兴，引来不少乡村居民进城看电灯。❶ 至 1929 年，巴溪水电站由于进驻永安的国民党军队大量用电不付电费，企业无法维持而倒闭。

随着电力的兴办，更多的能人加入兴电强业的队伍。

1921 年，一位沙县籍商界人士——潘伊铭，也将办企的目光投向了电力工业。

潘伊铭，字立勋，人称铭发，祖上原籍南安，后迁长乐，1840 年前后到沙县定居。潘伊铭因茶叶生意进入商界，1914 年转做木材、笋干等生意，并销往东南亚各国，在国内外享有一定的声誉。

潘伊铭因常年在外做生意，来往于各大城市，见多识广，善于接受新鲜事物，他十分看

沙县电力事业先驱者潘伊铭
（潘伊铭后人提供）

好电力事业的发展前景。于是，1924 年，潘伊铭集股在沙县城南门创建了沙县商办电灯公司，从德国购进一台 23 千瓦的火力发电机，供部分商户、富裕家庭用电。

战乱年代，创业维艰，沙县的民间用电更是波折不断。1938 年，潘伊铭运往上海的四千多担笋干被驻守福州的国民党军队用于填塞五虎口航道，以防日本军舰入侵。数十万元的资本毁于一旦，潘伊铭从此一蹶不振。同年 11 月 26 日，潘伊铭兴办的沙县商办电灯公司也因管理不善、营业失利而宣告倒闭，最终潘伊铭把电灯公司卖给

---

❶ 资料来源：1987 年由中国人民政治协商会议、福建省永安市委员会、文史资料研究委员会汇编的《永安文史资料》（第 6 辑）中收录的《私营永安水电厂简介》，作者为刘浚源。

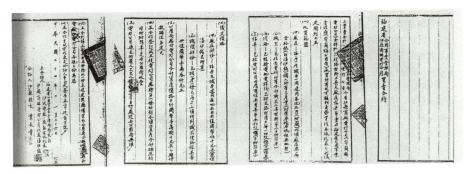

1938 年电灯公司估价卖给省公用事业管理局的买卖合约（潘伊铭后人提供）

了省公用事业管理局，改名为福建省公用事业管理局沙县电厂。❶

在闽中尤溪，闽系第五十二师卢兴邦部队 307 团团长程泗海，于 1926 年 7 月购得 1 台美国产 16 马力旧发电机，创办了城厢电光厂，发电供政府机关和几家大店铺及少数居民照明，后因设备陈旧关闭。1929 年，地方商绅集股 1.4 万银圆，购日本产大扇牌旧式 32 马力木炭机配 20 千瓦发电机，兴办尤溪电厂，发电厂晚上供电照明，白天发电供碾米用。后来，由于传动皮带扯断，于 1937 年停业。次年再次集资购买皮带修复机器，重新发电，电厂更名为新民碾米厂，以碾米厂作为掩护，不致遭受破坏，保留下电力火种。❷

战火中电业举步维艰

"七七事变"发生后，日本开始全面侵华，全国抗日战争拉开序幕。1937 年 11 月 20 日，南京国民政府宣布即日迁都，而沿海、沿江等战略前沿省份的国民党省政府，撤出原先省会城市，辗

---

❶ 李启宇 . 沙县志 [M]. 北京：中国科学技术出版社，1992.
❷ 尤溪县志编纂委员会 . 尤溪县志 [M]. 福州：福建省地图出版社，1989.

1941 年的永安城（永安市委党史和地方志研究室提供）

转于偏僻城镇、边远山区。

1938 年 5 月，国民党福建省政府在厦门沦陷后迁至永安，永安成为福建省政府临时所在地，成为与重庆、桂林齐名的国统区三大抗战文化中心。

在抗日民族统一战线的感召下，一批爱国知识分子、进步青年，相继从祖国各地云集到永安，文化艺术一度出现空前繁荣景象。❶

自永安成为国民党福建省政府临时所在地后，大量内迁的商业、工业、交通、金融、教育等迅速崛起，客观上促进了这些区域经济的发展，改变了经济布局，用电需求大增，迫使发展电力工业成为当时的燃眉之急。

据《永安市志》记载，1938 年 5 月，国民党福建省政府在永安城关桥尾观音阁筹建全县第一座火力发电所，安装进口的美国斯可达

---

❶ 资料来源：1992 年由中国人民政治协商会议、福建省永安市委员会、文史资料研究委员会汇编的《永安文史资料》（第 11 辑）中收录的《永安昭明水电股份有限公司》，作者为邓家焕。

立式 48 匹马力柴油发电机 2 台，三相四线式 32 千瓦发电机 2 台，共 64 千瓦，同年 7 月 1 日发电。同日，永安电厂也宣告成立，挂牌售电营业。电厂设厂长一名，分设总务、工务、业务、材料等 4 个部门，职工 41 人，其中技术人员 16 人，当时电价为每度电 0.28 元。

由于观音阁发电所容量有限，申请用电的户数较多，负荷转瞬告满。于是国民党福建省政府于 1939 年 10 月在永安南郊第一桥附近建成另一座火力发电所，安装 40 匹马力专烧木炭的内燃机一台和 30 千瓦发电机组，当月投产后向用户供电，截至当年 12 月份发电量达万余千瓦时。

自抗日战争全面爆发后，日寇封锁了中国沿海港口，阻止援华物资进入中国，导致煤油等"舶来品"奇缺，购买不易，用户纷纷从点煤油灯转向申请用电，永安电厂的各个火力发电所一时容量均告满载。于是，福建省政府于 1940 年 2 月在永安北门建设一座火力发电所，安装一台 75 匹马力 55 千瓦木炭发电机组。1945 年，又在公正路安装了一台 30 千瓦木炭发电机组。至此，永安火力装机容量达到 179 千瓦，勉强满足永安战时应急用电需求。❶

在永安大力发展火电厂的同时，桂口水电站的建设也同步进行。1938 年 2 月，福建省政府决定在永安桂口兴建水力发电站，以解决内迁机关和社会经济发展的用电问题。❷

据《党史研究与教学》记载：由于战时燃料供应紧张，而福建内陆地区多有水力资源，兴建水电厂的成本相对火电厂更简易经济，省政府因此对利用水力发电日益重视，除了继续"迭次派专家

---

❶❷ 虞韶年.永安市志（1452—1989）[M].北京：中华书局，1994.

赴本省各处勘察水力，方拟大举兴办"外，省建设厅还为此制订了"第一期筹设水电厂计划"。早在抗日战争爆发前，福建省政府部门中的有识之士就开始关注水电事业发展，只是那个时期的工作主要侧重于对全省水力资源的勘测。❶

素有"金山银水"之称的永安，境内山岭耸峙，丘陵起伏，溪流密布，山林茂盛，蕴藏着丰富的水力资源。据史料记载，抗战前夕规模最大的一次水力勘测活动是在 1937 年 3 月。当时上海西门子公司的德国工程师李斯曼、上海建筑部工程师张驾六与福建省水利工程处工程师刘晋柽及测量员等一行 15 人，前往莆田、永安、沙县、南平等 14 县实地勘查水力资源，历时一个月。就是那次，勘测队测量了永安桂口水能蕴藏量、附近地形及水准；测量巴溪河流、流量及计算水力；选择与探测了设坝、进水、设厂各地点等，为后期兴建桂口水电站提供了水文水力参考依据。

1939 年，桂口水电站开工建设，时任福建省政府财政厅、建设厅厅长严家淦从仅有的永安市政建设工程经费 15 万元法币中拨出 13 万元作为建设基金，用于购买发电机组，以及水坝、渠道、输电线路等建设。❷

而兴建桂口水电站可谓一波三折，举步维艰。桂口水电站站址距永安城区 8 千米，位于桂口与黄历之间的一个凸形地段。水电站集雨面积 350 平方千米，前期设计规划是流坝，水头 12 米，坝面海拔 108 米、坝长 80 米、坝高 8 米，引水渠道长度 240 米。水坝和渠道工程由福建省工务局负责施工。1939 年 7 月，在大坝即将

❶ 高峻. 20 世纪 50 年代福建小水电建设的兴起 [J]. 党史研究与教学，2009,9.
❷ 吴卫. 民国时期福建水电事业的嬗变 [J]. 福建师范大学学报（哲学社会科学版），2012,6.

1940 年建成的当时福建省最大的桂口水电站外景（永安市燕桂电力有限公司提供）

竣工时，永安巴溪暴发山洪，由于水坝原采用方形木框内填石块的设计，不能顺应水流特性，拦坝的木框石块被洪水冲走大半，损失惨重，工程一度被迫停工。❶

洪水过后，严家淦找来纪廷洪，纪廷洪临危受命前往施工，解决难题。当时，纪廷洪在现场分析了桂口电站水坝被冲的原因是基础不适合用流坝，于是重新修改设计方案，以松木柜堆石成坝，将拦溪坝的坝面建成斜面，坝脚浇铸一条长 50 米、宽 1.5 米的混凝土挡墙，筑牢基础，巩固坝体。后来，施工中虽然曾又两次遭洪水冲刷，但是经受住了考验，大坝安然无恙。❷

---

❶ 资料来源：1983 年由中国人民政治协商会议、福建省永安市委员会、文史资料研究委员会汇编的《永安文史资料》（第 2 辑）中收录的《桂口水电站的兴建》，作者为王基山。

❷ 资料来源：1994 年由中国人民政治协商会议、福建省永安市委员会、文史资料研究委员会汇编的《永安文史资料》（第 13 辑）中收录的《纪廷洪与永安电力工业》，作者为赖茂功。

1940 年 1 月，桂口水电站建成投产，以 6600 伏线路输送电能，向省政府机关和永安城区供电。同年秋，水电站由省建设厅转划归福建省企业特种股份有限公司经营管理。由于当时的国内设备和技术落后，发电机都是从国外购进。桂口水电站第一台机组是从瑞典进口的一台水轮机和从英国进口的 132 千瓦发电机组。永安作为福建战时省会期间，不幸成为日军无差别轰炸的"靶心"。当时，为了防备日本飞机轰炸，机组上面建成拱形圆洞，渠道上搭起棚架，种植瓜藤，进行覆盖防空。

1941 年太平洋战争爆发后，"舶来品"价格暴涨，液体燃料奇缺，用户对电能的需求再度激增，起初尚能满足电量需求的桂口水电站，又形成了供不应求的局面。于是，福建省政府又决定利用桂口旧有设备，添装第二台发电机组。桂口电站第二台 132 千瓦发电机和水轮机配套机组原本委托纪廷洪向国外订购的，可是因战时海

1943 年投运的桂口水电站第二台 132 千瓦发电机组，目前仍在运行中（永安市燕桂电力有限公司提供）

上通道被封锁，内运困难重重，缓不济急。纪廷洪向上海华通公司订购的发电机到货了，水轮机却无法运入内地。由于永安订购的水轮机没有到货，"战时省府"看中南平事先订购并已到货的水轮机，拟运往永安桂口电站应急。此事让纪廷洪颇费心机。当时，如果水轮机

运往永安，南平势必因没有水轮机发电而全城陷入黑暗。于是，纪廷洪一面同意，一面在南平订购的水轮机进口至福州时，开箱绘图仿制主要部件，在福建省企业公司后谷铁厂仿制一台水轮机交给永安，使双方各有设备发电。这台 132 千瓦的仿造瑞典进口的水轮机和上海华通公司制造组成的发电机组，于 1943 年 7 月投入发电。

至此，总装机容量 264 千瓦的桂口水电站成为当时福建省最大的水电厂。至 1943 年年底，永安电厂拥有桂口水电站和 4 座小型火电厂，所发电量供应永安城区和吉山村用户，人均用电量 4.94 千瓦时。抗战时期的永安电厂发电量虽小，却为永安提供了电力能源。永安电力的发展，极大地满足了当时的军工和民用的电力需求，也为后来的福建电力工业的发展积累了宝贵的经验，培养了一大批电力人才。

然而好景不长，抗日战争胜利后，省政府以及沿海迁来的企事业单位相继迁返，供电负荷急剧下降，永安电厂的 4 个火力发电所先后拆走。后随着国民党反动派发动内战，经济崩溃，民不聊生，永安电业日益衰落。永安电厂的桂口发电所 1 台机组损坏，无力修复，只剩 1 台 132 千瓦的机组发电。❶

三明历史厚重，源远流长。上古属百越地，魏晋时期干宝《搜神记》中写"李寄斩蛇"的故事，称"东越闽中有庸岭，高数十里，其西北隙中有大蛇"，说的就是别名"镛城"的三明将乐。这也是三明以闽越之名，第一次走入中原文化的视野。关于这座千年古城早期的亮灯历史，根据《三明电力志》记载："民国 27 年（1938

---

❶ 资料来源：1997 年由陆超虎主编的《三明电力工业志（1923—1990）》。

年），福州人氏德光在将乐县城装设 12 马力木炭机、15 千瓦直流发电机，创办镛光电厂。"

辉耀时代文明的闽中之光，是发展之光、希望之光、幸福之光。它将持续闪耀，见证闽中的崛起与辉煌，照亮这片红土地上更加灿烂的明天。

山乡灯火亮闽北

　　南平，是中国南方开发最早的地区之一，有四千多年的历史。东汉建安元年（公元 196 年）分侯官北乡置南平县，这是南平地名最早出现的时间，因公元 195 年汉将贺齐率兵入闽，平定南疆，故称南平。唐武德元年（公元 618 年）设立建州，"福建"之名就是从福州、建州（今南平建瓯）各取首字而得。

　　南平地处武夷山脉北段东南侧、闽江上游，是福建的北大门，俗称"闽北"，位于福建、浙江、江西三省交汇处。全市土地总面积 3983 万亩，是福建省面积最大的设区市。

　　南平境内河谷纵横，建溪、富屯溪、沙溪在南平城汇合成闽江的发源地，人均水资源 9800 立方米，是全国人均的 3 倍，水能理论蕴藏量 387 万千瓦，丰富的水资源和水能资源的自然禀赋，为水电站的开发和建设提供了良好条件，在这片被近代诗人郭沫若吟咏为"山围八面绿，水绕二江青"的热土上，也涌现出一大批民国时期的民族企业家，他们创办各种企业机构，以实现"实业兴乡""实业救国"的理想。作为第二次工业革命的主要产物，电力也就在时代浪潮推动下自然而然地在闽北扎根发展。

华灯初上，有人陶醉于绚烂的夜景中，有人在历史的长河中搜寻记忆……

甲午战争后，列强瓜分狂潮让中华民族危机空前严重，帝国主义加速对华资本输出，进一步挤压民族工业的生存空间。面对满目疮痍的中国社会，一批先进的仁人志士主张以工业化为核心，积极发展民族资本主义工商业，增强本国的经济实力，渴望通过创办实业、振兴工商来挽救国家，以达到强国御侮的目的。

1919 年，商人郑伯初为闽北电力工业萌芽带来了曙光。郑伯初，福州连江县亭江人，生于建瓯，从小就秉承父亲"诚信待人、勤慎处事"的信条，于 1919 年创办了建瓯新民印刷厂。同年，他同朋友张维钧向民国交通部提交成立建瓯电气股份有限公司的申请并顺利通过立案，成为福建省 8 家最早民营办电群体之一，也开创了闽北办电的先河。当时由民间创办的电气类科技期刊《电界》杂志第 39 期发布的《电灯公司统计表》中也对民营办电群体进行了报道，这更坚定了郑伯初等人办电的信心。1920 年，他召集同乡的李永年、罗伯华、蔡傅玉、李尧年、李建民等人，共筹集了 4 万银圆，成立建瓯县电气股份有限公司。

1921 年是闽北地区有电的起始之年，南平夏道一家京果店的 1千瓦汽油发电机发电，上半夜供若干店面照明。1922 年，郑伯初等人在玉皇阁前安装 40 匹马力旧煤气机配 20 千瓦发电机并正式发电，每晚为建瓯城关一带居民提供照明用电。退休老人张椿辛，是新中国的建设者和当今幸福生活的见证人，说起父辈过去的用电往事和建瓯电力事业发展，她总有说不完的话。她回忆道，听父亲提起城关玉皇阁的试灯当晚，现场人山人海，随着发电机"呼哧、呼咻"的声响，玉皇阁的灯亮了，就像一轮轮小太阳一样挂着，在场的乡里乡亲们对这个从来没见过的吹不灭的灯光发出了惊叹，欢笑声、鼓掌声、喝彩声……堪比过年的喜庆和热闹。在百姓们见到了玉皇阁的灯之后，一传十，十传百，各个乡村的村民每到天黑就纷纷赶来，一睹风采，甚至还有不明其理的百姓拿着手里的烟袋，靠近电灯，看看能否点燃，毕竟如此洋气的技术在当时可是闽北首见，而百姓们甚至将这种灯称之为"奇异的自来月"，足见百姓们对于电灯的新奇与向往。

据《建瓯县志》记载："建瓯地方辽阔，二千盏之机器马力太少，不敷应用，至十五年，添够八千盏大机器，一架仅供城市之用，计自开办至今，共耗去资本数万，目下营业只能维持现状，若入训政时期，建设事业当有进展之望也。"[1] 虽然火电厂每天晚上发电，但仅供城关部分居民电灯照明。郑伯初针对供电不足的现状，召开股东大会以重新规划旨在解决此问题的公司发展目

建瓯电气股份有限公司的相关记载[2]

❶❷ 詹宣猷，蔡振坚，何履祥，等．建瓯县志 [M]．台北：成文出版社，1929．

建瓯电气股份有限公司用电契约（摘自国民党建瓯党部，1939 年 131 号案卷）

标。1922 年，城关玉皇阁火电厂安装 1 台 40 匹马力煤气机，配 20 千瓦发电机进行了试发电试验。翌年，建瓯县电气股份有限公司 1 台 20 千瓦煤气发电机组发电。

1926 年，建瓯电气股份有限公司的郑伯初等人通过发行股票集资 6 万银圆，从上海购置一台英国产的 168 匹马力旧柴油机（后改为煤气机），配置 80 千瓦发电机，并将原 40 匹马力发电机组卖给顺昌洋口商会。新设备从上海水运到福州马尾，再由马尾水运到建瓯，一路耗费了大量的人力物力，为城关居民提供照明供电。建瓯县电气股份有限公司的成功兴办，为周边的县域兴办电力企业提供了有益借鉴。

1927 年，纪廷洪在南平夏道集资筹建夏道水电站，改装旧式木质水轮，牵引一台功率为 3 千瓦的直流发电机，于次年夏建成发电。这是闽北首座民办水电站。同年，纪廷洪发起成立了南平电气股份有限公司（南平电厂前身），推动南平逐步远离油灯时代。❶

在那个民智未开的年代，广大农村还停留在农耕时代，县城多数残破不堪，倾倒的城墙根还残留着 2000 多年封建王朝的陈腐气息。彼时的闽北电源稀少、电网弱小，电力能源却已在悄无声息中

---

❶ 资料来源：1996 年由《南平电力工业志》编纂委员会编写的《南平电力工业志》。

南平电气股份有限公司董事监事经理合影（后排右一为纪廷洪）❶

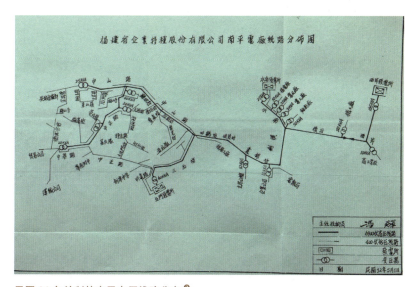

民国 32 年绘制的南平电厂线路分布 ❷

❶❷　资料来源：1996 年由《南平电力工业志》编纂委员会编写的《南平电力工业志》。

慢慢改写老百姓的生活。闽北一座座电厂渐成规模发展之势，街道被接连点亮，电网也在各县城之间延伸。那一时期，南平各县的老百姓们对电力不再陌生，也褪去了起初的懵懂无知，他们热情欢迎电力照明点亮古老的街道，给村镇的沉沉夜幕带来光明。

1937年日寇全面侵华后，战火很快蔓延到福建一带，中国电力工业在拆迁和战乱中损失惨重，刚刚起步的闽北民族电力工业也遭受了极大破坏。

1939年8月，日寇南侵，南昌紧张，为使政府、工业免遭日寇进一步破坏，沿海部分机关、工厂及江西省属机关企业迁入闽北山区躲避战火。❶福建省建设厅于1940年收购南平、建瓯两县电气股份有限公司资产，并正式更名为南平电厂（即南平电业局前身）和建瓯电厂，隶属福建省企业公司管辖，间接带动了闽北全境电力工业发展。

南平城区的北门、水南、中山路、东门发电所，于1940年开

1946年南平电厂员工庆祝建厂六周年❷

---

❶❷　资料来源：1996年由《南平电力工业志》编纂委员会编写的《南平电力工业志》。

始相继投产，统称城区发电所。1940 年 4 月，福建省建设厅把永安桥尾发电所 1 台捷克制造的 32 千瓦柴油发电机组调给南平电厂，并限期投产。同年 9 月机组安装完毕，向北门坊一带供电，称北门发电所。1942 年 5 月，南平电厂租赁纺织厂 1 台 15 千瓦蒸汽发电机组，向水南各工厂供电，称水南发电所。同年 10 月，北门发电所增加 1 台 32 千瓦煤气发电机组，供西门一带及中山路南段用电。该机组原为柴油机，因柴油供应十分困难，便由领班吴松波、张约翰等人改成烧经干馏后的松根油。1943 年 7 月，西芹（合坑）发电所（1930 年由纪廷洪倡议集资创办，于 1931 年竣工发电）因故障停机，电量骤紧且频率、电压不稳。次年下半年加紧筹建东门（32 千瓦）和中山路（40 千瓦）发电所，并于 12 月相继投产，向延福门和中山路一带供电。1946 年 6 月，北门发电所又添装 1 台 32 千瓦煤气发电机组。至此，城区共有发电机 6 台计 183 千瓦，原动机 6 台计 192.7 千瓦，其中柴油机 3 台、煤气机 2 台、蒸汽机 1 台。城区所有发电所都在傍晚开机，各自以 220 伏电压供电，何时停机视负荷情况而定，停机后由西芹（合坑）发电所继续供电。1947 年春，某晚 8 时许，东门发电所领班脱岗，临时工不慎将柴油洒到排气管上引起火灾，发电机被焚毁。同年，南平电厂不再租用纺织厂机组，水南发电所被撤销。

1940 年，福州建华火柴厂内迁，由于海上封锁，生产火柴的原料氯酸钾短缺，南平人只好重新使用原始工具，以火镰燧石取火。此时被誉为"闽北水电之父"的纪廷洪，在民族危急存亡之刻，不遗余力地以毕生所学奉献给烽火中的中华民族。与剑津中学校长陈玉光等各界人士创办了南平协兴化学工业合作社，在南平县郊磨石坑溪涧建厂，自行设计木桶开敞式水轮机发电，电解生产出的氯酸钾解决了火柴生产原料的燃眉之急，南平人又重见了光明。❶

　　抗战末期至解放战争时期，电力职工们不得不又一次面对阶级斗争下电力供应的严峻考验。1944 年，国民党第三十二集团军总部进驻浦城时，为了其点灯需要，由龙泉私商徐晨知从浙江带来一部 50 匹马力的木炭机、25 千瓦直流发电机在水南关帝庙兴建了电厂，同年 5 月投产发电。输电线路东到水南天后宫、仙楼下，北到孔子庙，西到前街戏院，主要供军队机关和少数大店铺使用。国军以官兵合作社名义来经营，挂名三十二总部浦城电气厂，并通过炼樟油谋取暴利。驻军路线上的首批路灯送电，即为浦城用电灯作路灯之始。

　　背井离乡的电厂工人们在陌生工作环境里，饮食起居非常不习

1944 年国民 32 集团军用于照明的 2.75 千伏安汽油发电机 ❷（实物现存省电力博物馆）

惯，报酬甚低且思乡心切。而国军军官的月薪却高出他们数十倍。在当时物价上涨的日子里，工人们一致要求加工资维持生计，并派两名代表去驻地请愿。一位副官认为他们寻衅闹事，把代表扣留，激起全厂工人罢工，拖到

❶　黄旭辉.独臂奇才祖孙一脉相承万家灯火 [N]. 闽北日报，2002-1-21.
❷　资料来源：2009 年由《浦城县电力工业志》编委会编写的《浦城县电力工业志》。

天黑后放回代表才发电。

由于当时缺乏必要的安全设施，汽机烧轴瓦、锅炉爆管子等事故频发，反动派认为工人不好好干，把几名青年电力工人以征兵名义抓为壮丁，电力工人们团结开展斗争，拒绝为反动派发电。无奈之下，反动派只好放人。

1946 年 8 月，国民党三十二集团军总部撤离浦城，匆忙中将电厂和发电线路财产卖给地方，交由国民政府、商会、青团接管经营。商会长涂芝秀兼任电厂经理，使之为官绅地主专供照明服务。当时的官绅公寓和大商店争相安装电灯，并以此显示阔气。供电线路逐渐扩展到后街、大西门，初具环城规模。但灯光黯淡，用户要点煤油灯或桐油灯辅助。

由于企业经营不善，再加上一些人蜂起窃电、电厂面临倒闭局面。涂芝秀辞去经理职务，由国民政府指派电话局局长何建候、技术员陈用宾代管，何陈两人亦无法挽回残局，经费更加拮据。至此，电机已基本损坏报废、生产勉强维持。1948 年电机线圈烧毁，电厂倒闭。

当南平第一盏灯在建瓯城关玉皇阁前点亮，一个光明的时代悄然走来，活跃在闽北大地上的仁人志士、民族资本不断在黑暗中探索、创业、经营，让电力工业在闽北山区悄悄扎下根脉。

闽东山海光明曲

电引光明，照亮时代。

宁德俗称闽东，位于福建省东北部，地处我国"黄金海岸"中段、台湾海峡西岸，居长江三角洲、珠江三角洲、台湾省三大经济发达地区的中心。宁德南连省会福州市，北接浙江省温州市，西临南平市，东与台湾省隔海相望。作为海峡西岸东北翼中心城市，宁德管辖一区两市六县，土地面积 1.34 万平方千米，海域面积 4.46 万平方千米。在这片山海相拥、物华天宝的热土上，涌现出一批实业报国的近代民族资本家。

晚清民国至 20 世纪 50 年代，福安县一直是闽东政治、工业、商业中心，县内的甘棠、下白石两乡镇是清代茶叶、瓷器和丝绸的主要输出港。因为福安有山有水，山海兼备，被称为"八山一水一分田""海阔岸长湾多港好"。赛岐港在以前被称为"小上海"，经济比较发达。福安还是闽东的水陆交通枢纽，作为鸦片战争后第一批开埠的沿海县邑，福安有着繁华的洋场集市，是近代福建地级中心城市的缩影。

1909 年春天，当清政府当局将赛岐港有条件开埠后，福安工商业资本家借助山海资源和水陆交通便利，紧随西方工业革命潮流，迎来闽东电力工业的第一道曙光。

在福州电气公司的辐射拉动下，闽东也兴起民资办电热潮。1911年辛亥革命取得成功后，民国福建省政府为鼓励国人自办电力企业，发布了若干扶持电气事业发展的条令。民国初期，一批电厂或电灯公司在福建各地兴办，这波办电热潮也带动了交通闭塞、经济滞后的闽东，使得一些爱国有识之士走上实业兴乡的道路。

闽东电力工业始创于经济基础较好的福安县，从1919年的闽东第一盏灯，到如今的万家灯火辉煌，其中凝聚着闽东电力人"滴水穿石、久久为功"的创业精神。福安凭借港口之利，因远离中原，无兵燹之乱，推动闽东工商业日趋繁荣。

民国初年，福安工商业人士借助资源和交通的便利，纷纷进入城镇开办实业，经营茶叶加工店是其中比较突出的行业。福安南门、街尾等老街区，由大致平行的数条东西向街巷组成，从东门头到街尾社区，历史上是以水产渔货、粮油茶叶、日用品、纸张笔墨等为主要交易内容的沿交溪河滨商业区，店铺林立，商贾云集。百货、布匹、中药材、南北杂货等各业俱全，颇具规模。在民国早期，福安南门街区内涌现出一批蜚声闽东的工商业家族，其中最具代表性的就是郭氏家族。

受到西方科学思潮影响，福建省的一些开明官吏加入支持县市电力工业发展的行列。1914年年末，民国福建省巡按使许世英在考察福安、宁德、霞浦、福鼎四县的手工业后，向各县官员倡议"闽东各县宜效仿福州电气公司，将兴办电力作为振兴实业的要务。"❶ 闽东沿海县域的资本家和开明乡绅因受到民国政策的鼓舞，相继加入兴办电力的行列，其中以福安华光电灯公司为闽东近代电力工业的典范。

"富春溪畔老街古巷，就是半部闽东工业史"。民国之初，南湖、东街头、街尾等社区作为福安主要商业区，无疑是最富的城镇街区。这里被老福安人称为"民国福安世家富商聚集地"，汇集了一批达官乡绅、商贾名士。

闽东电力工业创始人郭幼述

闽东电力的第一个点灯者，是福安商人郭幼述 ❷。郭幼述（1902—1961 年），别名郭幼德，出身于家境殷实的茶商世家。

郭幼述自小好学、精明能干，极具商业头脑和长远眼光。因反应敏捷、办事果断，加上有着在上海、杭州、福州等地往来经商的经验，认为"电灯照耀城市，如同白昼至各铺宅第，其安设电灯之处类皆满室光明无微不显"。他以商人的眼光，敏锐地发现建造发电厂蕴藏的巨大商机。凭着与宁德福海关经常贸易往来的便利，他结交了海关内英语较好的高级职员，由此打通同外界交往的渠道。1907年，郭家油店得以进口成套榨油机，开温州机器榨油之先，产量大增，营业额也突飞猛进。郭家率先引进的茶叶加工机为机械化操作，配有一套 50 千瓦直流发电机。

基于简易发电机作为茶叶加工动力的便利，郭幼述遂决定联合

❶ 王大方. 福建工业志 [M]. 石家庄方圆出版社，1996.
❷ 杨东初. 福建电力工业志 宁德篇 [M]. 福州：福建人民出版社，1998.

本地其他富商兴建一座火力发电厂，以满足城里百姓照明需要。随后，郭幼述向时任福安县长高诚学提议兴办电灯公司，这一发展地方、便利民众的提议，得到了当时县府的积极支持。

接下来就是发电厂房的选址。经过多人慎重考量，厂址最终选定在城区龟湖富春溪畔将军楼前的城关龙王庙内。该庙位于福城区中心地段，便于向各处送电。而且庙内供奉着传说中的东海龙王，当时的人们认为电和龙一样是吉祥的象征，把发电厂设置在龙王庙里，顺理成章。

在当地官员鼎力支持下，郭幼述向福州的闽东会馆商业人士筹集 2.2 万银圆开辟了两间发电厂房，将成立的火电厂命名为华光电灯公司，寓意"中华之光"。经过一年多的筹备，1922 年，华光电

1922 年福安龟湖龙王庙华光电灯公司厂房原址

灯公司正式成立并开始发电。"华光"二字寄托了当时福安人对这一新生事物的美好期待，希望电的出现带来吉利，给夜晚的生活带来光明。办电伊始，电灯公司用一台装机容量 18 千瓦的煤油发电机组发电，开启闽东有电的历史。之后，电灯公司架设 11 根电杆及 1.4 千米配电线路，以 100 伏电压供附近街区照明。

据文史资料记载，华光电灯公司创业者于民国早期，将从上海洋行购得的发电机设备搬运到尚无标准公路的福安城关，可谓费尽心思，一路上有公路的地段用汽车、马车，没公路的地段依靠肩扛人抬、水运，耗费了大量时间人力才抵达城关。华光电灯公司技术人员将电线拉到龟湖将军楼的木屋墙角柱上，安装了闽东的第一盏电灯。据南湖社区老人郭诚元回忆，发电厂试灯当晚，城关龙王庙前人山人海，福安人因未见过电灯而议论纷纷，心存疑问："一根小小的铁线能点亮一个透明的玻璃球？"随着发电机房发出轰隆隆的响声，厂房灯亮了，将军楼木柱上的电灯也亮了。只听街上发出雷鸣般的掌声和欢笑声，"喔""喔"的欢呼声像浪涛一样此起彼伏。时年，有电后的龟湖龙王庙就被福安人称作"电光下"。每日天一黑，人们打着灯笼从东门外、南门外赶到"电光下"，一睹电灯的光彩。于是，"电光下"成了城内老人谈天说地的胜地，孩童捉迷藏的地方。见过明晃晃电灯的神奇后，人们回到乡下津津乐道，又吸引了一拨人成群结队到城里看新鲜，带动了福安夜间经济的繁荣。

在闽东电业百年发展中，华光电灯公司有着不可磨灭的作用。作为近代民族资本家创立的闽东首座电厂，华光电灯公司的成功兴办，为周边各县兴办电力企业提供了有益借鉴。1922—1936 年，福安县内的赛岐、穆阳等商贾云集的集镇，也陆续发展了小型火电厂及其配电网络。20世纪20—30年代，受福安华光电灯公司有力影响，霞浦、福鼎、宁德富商和早期资本家闻风而动，纷纷到福安学习取经，加入了闽东县市兴办电力的时代潮流。如民国《福建商报》所形容的："现时代夜里若无电灯照明，谈何民众的生活便利？"

　　1923年春天，随着福安城关照明用户增加，扩建后的华光电灯公司白天也开始发电。电厂工人们在城内的主要街道竖起了百条电杆，忙上忙下地把电线牵到了街头。虽然用电的费用要比油灯贵很多，但人们意识到了电灯的便捷，要求安装电灯的商户和一些殷实之家也越来越多。白炽电灯的渐渐普及，让酒馆、戏楼入夜后可以继续营业，让夜晚的商业场也充满了人气，福安民众也有了丰富的文娱生活。1928年年末，由华光电灯公司供电的照明用户达到481户，电灯数2420盏。华光电灯公司向城区供电，标志着福安县渐渐摆脱用蜡烛、煤油灯照明的落后时代，从农耕文明向近代文明过渡。电力事业的兴办，带动了福安坦洋功夫走红，让东门头陈氏家族将坦洋功夫茶业做得风生水起。

　　华光电灯公司为振兴闽东实业立下汗马功劳，在拉动茶业加工的同时，也点亮了城市生活。华灯初上，市民纷纷走出家门，扶老携幼去听书看戏、观武打影

20世纪20—30年代福安电厂德国西门子煤气发电机

剧，逛北大街，着实过一把都市生活的小资情调瘾。遥想当年，很
酷、很时髦的光明新潮流，整整影响了一代福安人。街坊的民间红
白婚丧喜事，也常借白炽灯照明，将夜间照耀得十分明亮。

据早年华光电灯公司《月生产营业记录》记载，在公司创办之
初，企业经营还是较为成功的。如电路维修上遇到的技术难题，像
狭窄街道的牵改电线等小型工程，也很快能够克服。喜欢接受新事
物的福安人很快就感受到用电的好处，一些大的商号纷纷安上电
灯。新华南路的店铺和商业场所，一一点上明亮的大白炽灯。据南
湖街区的九旬老人回忆，当年南湖街巷的夜晚，从城市高处看街尾
龟湖一带，映现的是一片温暖灯火，印证了福安老街市的时年盛
景。在水电路等公共事业的支撑下，近代福安奠定了工商城市的框
架和基础，从典型的手工业城市嬗变为民国时期闽东北水陆工商业
中心。

民国时期，因福安用电成本高昂，光明未能照入寻常百姓家。
像日常使用的白炽灯，当时福建省内并没有生产，所有灯泡都须从
英美法等国进口而来。当时
的福安电力只能供应城关街
尾至金山南路一带，也就城
内一部分居民，一盏15瓦
白炽灯每月电费3元，每户
1盏，晚上天黑时送电，10
点前熄灯，这种照明状况一
至延续到1937年抗日战争
爆发前。

20 世纪 20—30 年代福安县城关南湖街巷里的电杆

在创办火电厂后，郭幼述远赴上海邀请洋师傅——电气专业出身的德国人哈德逊，为厂里培训了百名电力行业能工巧匠，这其中有成为闽东地下党干部的郭文焕❶。郭文焕（1900—1941 年），沉静好学，业余学电工。在福安开办第一家华光火电厂后，他毛遂自荐当第一批技师，刻苦钻研电力技术，成为电厂的骨干力量。在郭文焕带动下，青工们一边学习电路修理技能，一边在厂里秘密宣传马列主义革命理念，培养后来的闽东工农革命骨干，推动华光火电厂成为培育进步青年的革命摇篮。

1949 年 7 月 19 日，福安县全境解放。民营华光电灯公司被新成立的县人民政府接收，随后改组扩建为国营福安火电厂，成为中华人民共和国成立后闽东开办的第一座火力发电厂。截至 1950 年 6 月，火电厂装机容量 22 千瓦，年发电量 9.21 万千瓦时，此后，闽东电力工业步入发展"快车道"。而今，原华光电灯公司旧址开辟为闽东工业旅游观光点，老厂房内陈列的木电杆、旧式电表、营销票据等物品，引来八方游客驻足瞻仰。

❶ 福安县史志办公室 . 福安县志 [M]. 福州：福建人民出版社，1987.

首创 篇

先行先试探电路

福州電气公司農村
電化部敬告農人書

陳培錕署簽

1931 年，福州电气公司农村电气化部敬告农人书

中国人自主设计施工的首座水电站——漳州西山水电站

　　1921 年，厦门东方汽水厂等合资创建龙溪江东冰厂，该厂在九龙江支流东溪金鸡坑创建八闽首座水电站——龙海西山水库坝后电站，由此开启福建水电建设的大幕。

　　漳州九龙江流域是福建重要的水流及水力资源，为闽南电力能源供应和经济发展提供重要支持。九龙江，亦名漳州河，在古代称为漳州溪，是福建省仅次于闽江的第二大河流，也是闽南第一川。最早名"柳营江"，因六朝以来"戍闽者屯兵于龙溪，阻江为界，插柳为营"，故得名。据《龙溪县志》记载，梁大同六年，有九龙游戏于江。梁武帝萧衍听闻后赐名漳州溪为"龙溪"。

　　位于九龙江中下游的漳州，独拥福建最大平原，地肥水丰，自古便是鱼米之乡。也正因如此优越的地理条件，福建省第一座水电站西山水库坝后电站便在此地诞生，九龙江水电的开发由此发轫。坐落在龙溪县江东桥北侧山谷里的西山水库，四面群山环抱，风景幽静秀丽，下游横贯着公路要道，水系出口处便是九龙江北溪。它不仅是一座蓄水灌溉、发电的水资源宝库，更是一处景色宜人的游览胜地。

龙溪西山水库的前身是江东冰厂水库。这里原名金鸡坑，历史上靠着天然山坑泉水灌溉下游吴宅、美山等村的一片耕地，每逢旱情发生时，附近村庄常为争水产生纠纷。清末和民国初期，曾立石碑志以分水灌田民约。提到龙溪江东冰厂水库的兴建，还得从20世纪初期江东冰厂的生产说起。当年江东冰厂制成的冰块，主要售卖给厦门东方汽水厂，随着汽水厂冰块需求量不断增加，江东冰厂渐渐供不应求。而要提升冰块生产量，江东冰厂就要增强生产动力，毕竟当时厂里的直流发电机才25匹马力（12.74千瓦）。于是，寻找新的生产动力源被江东冰厂提上议事日程。

1919年，江东冰厂通过专家咨询和外部考察，得知兴建水电站可以满足制冰用电需求。为此，冰厂组织人手深入勘察龙溪本土资源，发现西山内侧的一块小盆地具有一定水源，水质良好，而且水陆交通便利，可利用水力发电制冰。1920年年初，厦门东方汽水厂与龙溪江东方冰厂决定联手建设西山水库电站，并为此合资创办了"厦门东方江东冰水试验有限公司（简称东方公司）❶"，经理林振明，生产总监颜建泉。

为了聘请专业人士设计水库电站，经多方了解，东方公司经理林振明找到热心公益事业的厦门民族资本家林振勋，积极商讨水库电站建设对策。其时，林振勋的次子林全诚刚从美国麻省理工学院毕业归来，所学的是机械工程专业，准备参加家乡厦门的公共建

---

❶ 黄柏荣. 福建小水电建设的历程和经验 [J]. 小水电，2010,8.

设。于是，东方公司股东会聘请林全诚担任西山水库电站工程的总设计师。

林全诚（1891—1983 年）❶，字荣森，厦门鼓浪屿人。毕业于美国麻省理工学院和哈佛大学，系民国早期留洋归国的工学硕士、机械工程师，先后参与中国重要水利工程建设和厦门城市近代化建设。留有著作《自述》《水电工程设计百策》。

漳州西山水电站创办人、工程师林全诚

为催赶水库电站建设进度，林全诚带领 2 个外籍年轻助手挑灯夜战，在 4 个月后拿出了水库电站总体设计方案。该水库采用重力坝技术施工，坝高 12 米，坝顶长 75 米，库容 70 万立方米，放水涵洞是直径 29 厘米的压力钢管，据此引水进入发电厂房。1920 年秋天，西山水库电站破土动工。在兴建电站厂房的同时，林全诚抓紧在海外的发电设备采购事宜。在筹办电站过程中，他可是费了一番周折。

为了保证电站设备质量，林全诚亲自远赴美国西雅图的电力设备公司，对发电机进行精心选购、反复议价，开展商洽运费等细致工作。但美国电厂供应商一直抬价，使得发电机价格超过概算不少，需要雇主东方冰厂拍板。当时因无越洋通信设备，林全诚担心在书信中难以说明发电机采购中的复杂情况，遂千里迢迢折回厦门东方冰厂股东会汇报。在林全诚的据理力争下，东方公司很快将发电设备款拨付给西雅图电力设备厂。随后林全诚再次从厦门奔赴大

---

❶ 林全诚. 自述 [M]. 远东出版社，1965.

西山水库航拍图

洋彼岸，采购 18.4375 千瓦、22.05 千瓦的异步发电机各 1 台，在当场验货后护送发电机回国。此后半年的时间里，厦门东方冰厂雇集民工三百多人次，动用了火车、轮船、汽车以及肩挑背扛，将电站所需的整套设备器材辗转运到西山厂房。当两台美国生产的反击式卧轴水轮电机到达龙海山乡后，引得全城轰动。据林全诚后人回忆，其祖父在近两年的西山水库电站建设中，整整掉了十多斤肉！

据中国水电史料显示，西山水电站系中国人自主设计建造的首个水电站。该电站的成功投产，标志着福建省正式迎来水力发电的时代。电站建成后，除了供给冰厂生产动力外，还为西山周边村庄照明及农田电灌提供支持。据当时上海《申报》报道：民国 10 年（1921 年），自美国留学回归的青年工程师林荣森（林全诚），其主导设计、选址的西山水库坝后电站质量优越、生产先进，实有"华东地区第一水电站"之称。

长乐输变电工程肇始农村电气化

1935 年，福州电气股份有限公司为了继续扩大供电范围，总经理刘崇伦代表公司与省建设厅签订了长乐县莲柄港溉田局售电计划，架成福建省首条输电线路——福州—长乐县莲柄港 33 千伏输电线路，向长乐莲柄港村提供灌溉用电。

莲柄港是福州长乐区重要的水利工程、福建四大水利工程之一，引闽江水穿龙腰山至金峰、漳港、文武砂一带，灌溉 10 万亩良田。根据《长乐县志》记载，当年莲柄村在长乐城区西南处，村里有龙腰山挡住江水，导致闽江水不能流向长乐中部地区，所以中部地区农田缺水灌溉，土地贫瘠，人民困苦。为了引水灌溉，早在北宋宋徽宗大观年间，长乐屿头村林安上请圣旨动用长乐 3 年钱粮，作为凿龙腰山的工程款，但因工程量巨大，未能成功，林安上反而获罪被杀。此后的元朝、明朝、清朝均有人出来兴办这个工程，但都失败了。莲柄港引水工程建于 1929 年 2 月，最初安装 2台柴油机组提供农灌动力。1931 年因征收水费纠纷，设备被当地民众捣毁。1935 年，莲柄港工程开始集资重建，采用了电动抽水。

这条输电线路工程耗时 8 个月，线路全长 22.6 千米，过乌龙

1935年，福建省第一条33千伏输电线路——莲柄港输电线路建成

江跨距长 730 米，铁塔高 54.9 米，是当时国内跨距最长、铁塔最高的输电线路。

1927 年，当时的国民省政府在长乐县设立海军长乐莲柄港溉田局，于 1929 年 3 月完成第一期工程。为开拓电力市场，倡导科学种田，福州电气公司于 1935 年在福建省建设厅贷款支持下，架通从福州至长乐县莲柄港的 33 千伏输电线路（1952 年升压为 35 千伏）。当时这条农村线路享誉全国，甚至在中国工程师学会《工程》和《电气》等杂志的封面大幅报道过。

20 世纪 30 年代初期，国内尚无多少输电工程架设案例，此类经验主要还是学习外国技术为主。莲柄港输电线路是在电气公司常务董事刘崇伦的统筹组织下，由总工程师鲍国宝主持总体设计，技师赵仕安负责铁塔设计，其勘设水平在当时国内的输电线路中名列前茅。

据 1936 年《工程》杂志介绍，该工程"三月开始测量、六月起施工、八月初全部工程始告完竣"。工期方面，"时间短促、赶做夜工、耗费工资甚多"；地理方面，"山顶过高、运输不便、运输工资增加"；民意方面，"乡民惑于舆地之说，群起反对，阻挠更甚"。天时、地利、人和均无的状况下，在"此类高大之铁塔，闽地尚系创举，设备既不完全，工人更无经验"的困境下，建成了当时国内跨距最长、铁塔最高的输电线路。在该文结尾，作者更是

1936 年 4 月 1 日《工程》杂志封面

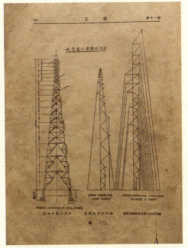

1936 年 4 月 1 日《工程》杂志峡兜过江线铁塔设计图

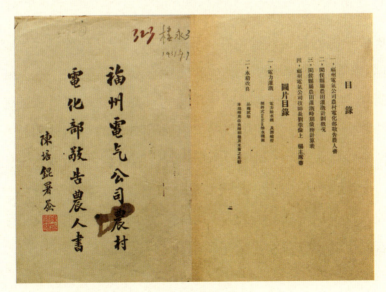

1931 年，福州电气公司农村电气化部敬告农人书

从测量、设计、购料、技工、监理、运输、工具等多个角度反思分析，诚恳提出对该工程的自省意见："若能在测量上多费功夫，设计务求详尽，购料预早进行，罗致有经验工人，严行监督……则必可事半功倍也。"囿于当时电力技术不够、材料设备不足、国民素质不高等时代限制，该工程的建设经历了诸多曲折，这要归功于电力人勇于创新、精益求精的工匠精神，以及严谨细致、灵活协调的施工组织方法。1931年春天，刘崇伦亲自深入福州科贡乡和长乐莲柄村搞调研，坚持吃住在农家半个月，掌握了第一手农村用电需求信息，形成了经"研究调查及经过事实编成报告公布于世"的《敬告农人书》，向农户广泛宣传农业电气化的优越性，同时提示安全用电、科学用电的重要事宜，得到民国福建省政府的充分肯定。

更值一提的是，刘崇伦在详细考察美国电气化农场后，拟定了"通过募债筹集资本"的计划，以试验场为推广方法，"在八年内逐步使闽侯县属约70万亩田地尽用电力灌溉，并使农村普遍使用科学方法养禽育畜"。福州电气公司在福州郊区的洪山桥和石仓牧场设立两个电化农场，分别在水稻、园艺、畜牧、昆虫四个部门进行试验、研究和推广工作，此法为福建省首创。这项兴电计划虽然最终告败，却是近代民营企业推动农村发展的大胆尝试，见证了近代福建农村电气化事业的沧桑与梦想。

福建电力企业首发股票——
福州电气公司股票

民国股票因年代久远、特色鲜明，且有较大的集藏升值潜力，深受股票收藏爱好者的喜爱。经过数十年的风雨沧桑，大部分"老股票"已湮没在历史尘埃中，只有少量保存下来——这些半个多世纪前的股票，至今仍保存完好地展现在世人面前。

1911 年 10 月，福州近代民族工业的先驱、林则徐的女婿刘冰如之孙刘崇伟、刘崇伦等人创办民营福州电气股份有限公司并召开了第一次股东大会，确定股份总银数为 12 万元，每股龙洋 50 元，合 2400 股，这是福州电气公司首次发行的股票。

根据福州电气公司 1912 年第二次股东大会修订的公司章程，1912 年公司发行的股票股本共 30 万元，分为整股零股两种，整股每股 50 元，发行 3000 股，共计 15 万元；零股每股 10 元，发行 15000 股，共计 15 万元。股票采用记名或号的形式，分为五种：一股、五股、十股、五十股和一百股。股票可以随时转卖，但"须具理由书到本公司注册更改姓名簿换给股票"，股票遗失时可将股额及遗失理由详告公司请求补给，并公告两个月后由两个人书面证明后方可新发股票。在这期间若遗失的股票找到了，也应通知公司并再次公告，这中间的一切费用都由申请人承担，每换股票一张，公司征收纸笔费的标准为：整股五角，零股贰角。公司结账前1个月停止变更股东姓名。

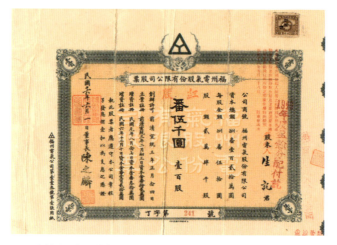

1917 年扩股后福州电气股份有限公司发行的股票

1929 年扩股后福州电气股份有限公司发行的股票

同时公司章程还对股东权益进行了规定，新股东持得公司股票3个月后有议决权、被选举权和选举权。每年的盈余分为十三份，创办人一成、公司在事人员两成、公司公积金两成、剩下八成给股东，每年3月结账，由股东会通过登报进行广而告之并结算支取。公司董事长由股东会选举产生，一百股以上的股东有被选举董事长资格，五十股以上股东有被选举董事资格。

从保存下来的该公司1929年公司扩股后发行的记名式股票上可以看到：当时共发行股票2.6万股，每股大洋50元，共130万元。票面印制精美，古朴庄重，装饰性花纹围成边框，文字设计成官方文书形式，富有浓郁的中华民族传统文化风格。

从票面上看，这张股票记载的项目相当规范，包括公司商号、注册时间、增资时间、资本总额、总股本、每股面值、股东姓名、印章、股票发行日期等项目，并有公司董事长的签名。股票背面还有"股东如将股票转让或抵押，应照本公司所定过户手续办理""股票遗失或被窃，应由股东具函报告本公司挂失并自行登报声明作废，经60日后如无纠葛方可觅保补给新股票"等股东注意事项。

上述股票，反映了刘氏家族企业的理想和奋斗历程，是饱经忧患的旧中国民族工商业先驱者艰难跋涉的历史见证。福州电气公司业务在20世纪20—40年代不断发展，刘氏兄弟成为当时榕城福州老少皆知的"电光刘"。此外，福州电气公司股票还从一个侧面反映了中国社会的历史变迁，是民国福建股份制经济的一个缩影。因此，无论是从票面的设计，还是从其所承载的厚重历史来看，这几张股票都是弥足珍贵的。

国内首试普遍用电服务——
福州社区店

万家灯火，电力情深。

"一百年前，福州电气公司就能准确分析出整座城市的用电情况。"在福建电力博物馆，省电力史专家陈忠解说了供电经销的百年历程。馆存的一份 20 世纪 30 年代的《福州电气公司营业状况图解》，上面详细地将成本、利润、用电区域等情况进行了分析。

民国早期的电力成本高昂，光明未能照入寻常百姓家。像日常使用的电灯泡，当时的福州电气公司并没有生产，所有灯泡都须从海外进口而来。当时的福州用电收费实行包月制，一盏 16 支光的灯泡，每个月的收费是 1.6 元，而一盏 10 支光的灯泡每月的收费是 1 元。当然，还可以根据客户的需要安装电表，然后就可以按用电量收费，每安培时电收费为 0.015 元。这种收费水平，在当时看来是相当高的。一直到 20 世纪 30 年代，福州普通家庭中每人每月的生活费用也只是三四元，每月一元的电费对于普通家庭来说，是无法想象的一种奢华消费。按 1933 年编纂的《福州公用业务指南》记载，30 年代电费的收费标准经过几次变动，但每度电维持在 0.2~0.3 元之间。因此，除了一些大商号有能力安装电灯，一般人还是不敢问津。

据福州电气公司《营业实录》记载，在公司创办之初，企业经营还是较为成功的。喜欢接受新事物的福州人很快就感受到用电的好处，一些大的商号纷纷安上电灯。福州东街口、南街的店铺和商业场所，纷纷点上明亮的大白炽灯。

福州电气公司投产后，最显著的改变就是促进了水厂、灌溉、五金加工等产业的发展，照明用户急剧增加，电力需求不断扩大。福州电气公司开始向榕城的更多百姓供电，起初只是晚上发电数小时，后来用户大量增加，1917 年公司开始白天也发电，夏季还推出电风扇租赁业务。

据福州电气公司《营业实录》记载，早在创业之初，该公司创始人刘崇伟就确立了公司立行之本，他对职工说："凡私人所有的工业、大企业等，请牢牢记着'我是为民众服务的'这句话，否则它们的灭亡是无论如何也逃避不了的。"他为自己的公司定下了"服务社会，顾客至上"的行训，教导职工从小处着手，不断做好服务。这个"以客为尊"的营销理念，是当时电力服务水平的提升，成为现代优质服务的开端。为方便榕城市民，福州电气公司在中亭街、仓山麦园、鼓楼、南街等中心街区设立用电服务点，甚至想要开办流动服务车提供电力服务，然而受到旧时代条件限制，用电普遍服务并未在全省推行。

福建电力工业史话（1879—1949）

中国第一个电力职业学校——
福建官办中等工业学堂

　　1908 年，在福州兴办的中等职业学校——福建官办中等工业学堂，其发轫于清末帝师陈宝琛等人开办的苍霞精舍。

　　陈宝琛，字伯潜，号弢庵，晚号沧趣老人，听水老人，道光二十八年（1848 年）生于闽县螺洲（今福州市螺洲镇）。他出身簪缨世家，自幼聪慧过人。经过科举一路过关斩将，21 岁即荣登进士榜，之后入职翰林院，开启了教育官吏的生涯。同治十二年（1873 年）至光绪十年（1884 年）间，多次担任地方乡试同考官及地方学政等重要教育职务。

　　光绪二十二年（1896 年），离朝廷颁布"废科举，兴学堂"等数十条改革政令还有两年。此时的中国国势衰微，正面临日益严重的民族危机和社会剧变，教育领域亟须改革以应对时代挑战。陈宝琛深感国家之兴衰在于教育，于是将精力投入到在福建创办新式学堂的事业中。这位兼具教育家和历史学家眼光的教育改革先驱，不仅在官场上激浊扬清，更在教育改革的阵地上勇开先河。他倡导实

200

学，主张洋为中用，传承发扬闽籍前贤林则徐、沈葆桢等人的爱国精神与开放意识，积极探索中西教育融合之道，矢志通过兴办新式学堂以救国图存。

1897年春，陈宝琛会同林纾、陈璧、孙幼谷等人创办新式学堂——苍霞精舍。他们秉持"变教求才"的理念，将学堂定位为兼具传统教育精髓与近代教育特质的新型讲舍，实为福建地区新式教育之滥觞。既注重传统经史之学的传承，又兼顾西学新知的引进。"专课英文二年以来颇著成效"，备受社会关注。

1907年，苍霞精舍更名为公立苍霞中学堂，并聘请施景琛为苍霞中学堂监督。此后开始了职业技术教育，逐步追踪工业技术发展的步伐。施景琛起于民间，知识面广，筹款应支、修建校舍、种植草木、延聘教师、布告招生等，无不亲自督导过问。还在原来的普通科之外，附设铁路、电报两科。

1908年，铁路科改为土木科，电报科改为电气科，专业适应面更广。1909年，因该校性质已近于工科，故改名为福建官立中等工业学堂，实现了普通中学教育向工业教育的正式转变，开启了工科教育发展的新格局，是中国和福建省第一所培育电气人才的中专学校，1909年首届电气科学生共计10人。首届电气学科毕业生的就业范围遍布北平、福州、厦门、上海、美国等地，职业包括电气公司电机工程师、电话局总工程师、电气管理处处长、电气公司总经理、教师等。1917—1919年，该校首届毕业生福州电气公司电机工程师孙世华还出任该校代校长。

民国时期的福建中等工业学堂，为全省电气公司提供了技术人才支撑，被誉为福建省"机电工程师的摇篮"。

人物篇

开创伟业的电力先驱

厦门电厂工运先驱罗扬才烈士雕像

开兴电风气之先的林炳章

　　林炳章（1874—1923年），福建侯官人，字惠亭，为林则徐曾孙、陈宝琛之婿。清光绪二十年（1894年）恩科进士。在执管福建工商业任上，主张以兴办水电路事业强省，为福建电业重要先驱人物。留有著作《癸卯东游日记》。

　　光绪二十四年（1898年）四月，林炳章授翰林院编修，曾奉命回闽考察宪政，协助陈宝琛办学，并任福建高等学堂监督、"去毒社"社长等职位。民国成立后，就任福建军政府盐政监督、财政厅厅长、闽海关监督等职。

　　从林炳章的生平❶可以看出，他身处新旧交加的"千古未有之

---

❶　吴海慧. 林炳章研究 [D]. 福州：福建师范大学，2014.

大变局"时代。在清末中国内忧外患的形势下，中国先进的仁人志士渴望通过创办实业、振兴工商来挽救国家。林炳章就是当时实业救国的重要代表人物之一。

林炳章的著作名为《癸卯东游日记》，实际上他的出游却始于南洋。1902 年，华侨领袖黄乃裳回国招农，林炳章便欲借此机会出国游历以增长见闻。同年，林炳章跟随黄乃裳到南洋考察开发垦地的情况。日记开篇即说到，林炳章对南洋华人工商业蓬勃发展的景象深感欣慰，"见其善于殖民，雄于商战，喜吾海外民族兴盛之可期，而悼宗国羁縻之无术"。百闻不如一见，他认识到要通过"商战"和发展实业，才能实现国家富强。

林炳章在南洋考察之旅后，愈想走出国门。1903 年，林炳章受日本大阪博览会之邀，同时也应陈宝琛嘱托为福州师范学堂考察日本教育并聘请教员，旋即开启了历时两个月的日本东游之行。其间，林炳章参观了博览会，考察了日本幼稚园、中小学校、师范学校、实业学校等教育机构，同时还考察了博物馆、图书馆、印刷局、官报局、陆军参谋部、士官学校等机构的情况，意识到中国兵力之弱在于"国不爱兵，兵亦不爱国，人皆轻武，武亦恒自轻勇者"。接着，他指出中国之富强的关键，"中国今日强必自教育始，富必自实业始，自余皆末也。"自此之后，开设工厂兴实业之先，创办学校以培育实业人才便成为林炳章的人生目标❶。

林炳章在日本参加大阪博览会时曾见识到电灯对于照明颇有好处。1903 年 7 月 22 日，他在参观工业、商业二馆后，天已微黑，

---

❶ 周至杰，江蕾.《癸卯东游日记》：林炳章开福州实业救国之先 [N]. 福建日报，2023–07–04(12).

然"范场万灯如昼，表里通明，喷水亭内更以五色电环绕其中，望之如天半彩虹，发人遐想"。自此林炳章深知电灯对于照明的用处，能使晚上像白天一样亮，又鉴于福州因使用油灯而经常酿成火灾，1906 年林炳章在苍霞洲银圆南局创设福州电灯公司。这便是福州第一个新式的电灯公司 ❶。

为了募集资金，林炳章曾与商务总会的诸人协商，提出"仿照浙江铁路公司办法，分为整股零股二种"的办法，可惜最后因为资金等问题，电灯厂未坚持多久便停办。虽然电灯厂创办失败了，但林炳章为福州发展电力作出理念先导，为后来者提供了一定的借鉴。

近代以来中国民族工商业长期受到外资排挤，难以发展。中国实业之展开一直都承载着"救亡图存"的家国情怀，因此林炳章兴办实业也就打上了深深的爱国烙印。林炳章著《癸卯东游日记》为其实业救国思想之始，在求索年代以先进工业思想为大众启蒙，开辟了福州人开办电灯事业的先路。

---

❶ 吴海慧. 林炳章研究 [D]. 福州：福建师范大学，2014.

八闽电业奠基人刘崇伟

人物名片

刘崇伟（1878—1958 年），字健庵，福建福州人。著名实业家。早年留学日本，先后担任福州电气公司总经理、福建银号经理，系福州刘氏开创福建电力工业的主要创始人。

民国早年，福州"电光刘"作为榕城兴办实业的家族，不但掌握一套现代工业技术，而且还掌握电灯公司的企业组织管理方式。随着刘家企业不断发展壮大，形成以电气公司为中心，包括燃料生产和运输、设备修配、机件制造、电料生产销售等在内的家族产业。通过电力带动多种产业发展，刘家事业如日中天，刘家一跃成为福州首富，"电光刘"家族中，以留日归来的刘崇伟为代表人物。

1905 年刘崇伟赴日本"提学史专班"学习教育学，1916 年任福建银号首任经理，对福州金融界、政界十分熟悉。福建银号原设在福州下杭街，1916 年 12 月 15 日移迁福新街。资本额定 100 万元，实收 31 万余元，主要办理汇兑、兑换及存放款业务，设有监理官和督办处。

刘崇伟夫妇

1910 年，刘崇伟兄弟等人发起成立福州电气股份有限公司，刘崇伟担任该公司的董事长兼经理。福州电气公司于 1911 年向福州市供电，开始的营业范围仅限于照明用电，1920 年后扩充到动力用电。1927 年装机容量增至 2500 千瓦，工人 800 多人，固定资产达 220 万元，年纯利达 15 万元。1912 年，刘家成立了福建电话股份有限公司，由刘崇伟担任公司董事长兼经理。刘崇伟还与众兄弟以电气公司为龙头，创办了多家企业。先后创办福电铁工厂、精米厂、炼糖厂等二十几家企业，形成了相当规模的民族资本主义企业集团。

1927 年左右，在动荡的内外局势影响下，福州电气公司也遭受到窃电欠费等经营问题。虽然公司采取了按户安表计度、包区制、成立特约店等措施来减少用户欠费，但都无法解决窃电欠费带来的损失。1928—1931 年，福州电气公司被窃电数占发电总数的比例由 33% 上升到了 42%。1931 年 2 月，在刘崇伟等人的奔走下，当时的福建省政府成立了整理电气事业委员会，由方声涛（代理省长，杨树庄因病赴上海）、许显时（建设厅厅长）、陈培锟、江屏藩、林寄南（均省府委员）五人组成。该委员会成立之后，对于窃电查缉颇严，并通知公安局取消 1917 年 12 月以来所施行的

"电气公司查缉窃电必须会同公安部门"的禁令，通令各机关照度付费。根据该公司第 21 届上期统计，窃电度数与前届相比减少为发电总度数的 36%，在刘崇伟的努力下，窃电问题治理取得一定的成效。虽然最后在内外交困的环境下未能彻底解决窃电问题，但也体现出了刘崇伟在公司管理上的才能。

"电光刘"的几个关键人物中，老大刘崇佑是律师、老三刘崇杰是外交官，"电光五"刘崇伦于 1937 年被暗杀，"电光六"刘崇侃于 1944 年去世，实际上从 1944 年抗战尾声开始，执掌刘家企业的只有刘崇伟。

1937 年，作为家族企业核心人物的刘崇伦和侄子刘爱其被福州特务张超绑架杀害，这给刘家带来了沉重的打击。此后，企业的事务由刘崇伟次子刘洪业主持。内战爆发，通货膨胀越来越严重，窃电更加厉害。1948 年刘家被迫与国民政府资源委员会、台湾电力股份有限公司合营，改称福州电力股份有限公司，但公司经营状况进一步恶化。1949 年 8 月 17 日，福州解放，解放军军管会接管了福州电力股份有限公司。

由于国民党反动统治对民族资本主义工商业的摧残及战乱等原因，到新中国成立时，刘家仅存 5 家企业。1953 年社会主义改造时期，刘崇伟之子刘永业、刘洪业、刘涛业向政府申请全部公私合营。自此，"电光刘"正式告别了历史舞台。

因"电光五""电光六"后人无人介入刘家企业管理，此后直至 1956 年刘家电气公司公私合营，这十余年时间都是刘崇伟的后代在管理刘氏工业集团。这也正是说"电光刘"前期指刘氏家族，后实指刘崇伟的原因所在。

刘崇伟有三子：刘永业、刘洪业、刘涛业。长子刘永业于1933年从复旦大学商学院毕业，在刘氏家族公大商行任会计主任、建记行经理。1947年任福建电话股份有限公司业务主任，1948—1949年任福建电话股份有限公司董事。1949年后，刘永业先后任全国政协第五届委员，全国工商联常委，省人大第五至八届常委，省人大第七至九届副主任，省政协第一至四届常委，省民建第一、二届副主委，省工商联第一届主委，市民建第一届主委，福州市副市长，市政协第一届副主席等职。次子刘洪业1934年从日本留学回国，学习的是电气学科，回国后在福州电气股份有限公司任技师。刘崇伦去世后成为福州电气股份有限公司负责人。1943—1949年任福建电话股份有限公司董事、常务董事。他历任公私合营福州第一机器厂厂长、公私合营福州电话公司副经理、公私合营福州电力公司副董事长、福州市工业企业董事会董事长、福州市工商联常务委员、福州市人民代表、福州市政协委员兼工商工作组副组长等职务。三子刘涛业毕业于维也纳外交学院，后也回到福州，公司合营后担任福州冰厂厂长。

刘氏家族在福州民族工业发展道路中，开办了二十多家企业，涉及不同行业，可以说是百花齐放。在近百年间的经营中所留下的经验、所培养的人才和所奠定的工业基础，可以说是宝贵的财富，为新时期的福州城市发展建设作出了重大贡献，值得后人了解、铭记和传颂。刘氏后人在各个领域也依旧发光、发热，为社会主义现代化建设贡献力量。

助电兴业的台湾赤子林尔嘉

林尔嘉（1875—1951年），字菽庄、叔臧，别名眉寿，晚年号百忍老人，是清末和民国年间在闽台两地负有声望的重要人物之一，著名的爱国爱乡实业家、诗人。

甲午战争爆发后，林尔嘉随其父台湾名绅首富林维源，放弃在台家产，内渡定居厦门鼓浪屿。清廷商部右丞左参议王清穆以林尔嘉"才识开敏"、重视振兴商务实业、关心地方治安和商民利益，向朝廷力荐。1904年，林尔嘉受命任厦门保商局总办兼厦门商务总会总理，并聘为农工商部头等顾问。任职期间，林尔嘉革除陋规苛例，方便华侨商旅，主持制定《土地买卖章规》《华洋交易规约》各64款，推动厦门的对外贸易。林尔嘉关心国家富强，提出改革经济发展实业的设想，建议政府注重振兴商务、大力创建工业、发展出口商品、开矿铸银、修建铁路、整理税收、削减冗费，以保证国家的财政收支平衡。他致力于兴办厦门电话、电灯公司等实业。还竭力维护地方治安，保障商民的正当权利。

1907 年，厦门商务总会兴办电器通用公司，拟在厦门安装电灯、电话，但投资者寥寥无几，拖延数月，业务无法开展。目睹此状，林尔嘉投资 30 万银圆抛砖引玉，创办了厦门第一家电话公司。遗憾的是，电灯公司的创办未能成功落地。

林尔嘉爱好围棋，追求高雅的文化享受。1913 年，他选址鼓浪屿港仔后路 7 号建"菽庄花园"。园中有一胜景题名"小板桥"，寄托他对台湾故土和先人的深挚怀念。并于菽庄花园十二洞天附近石壁上碑刻记之："余家台北故居，曰板桥别墅，饶有亭台池馆之胜。少时读书其中，见树木阴翳，听时鸟变声，则忻然乐之。乙未

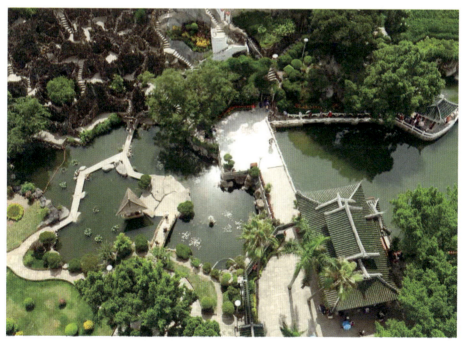

菽庄花园

内渡，侨居鼓浪屿，东望故园，辄萦梦寐。癸丑孟秋，余于屿之南得一地焉，翦榛莽，平粪壤，因其地势，辟为小园，手自经营，重九落成，名曰菽庄，以小字叔臧谐音也。当春秋佳日，登高望远，海天一色，杳乎无极。斯园虽小，而余得以俯仰瞻眺，咏叹流连于山水间，也可谓自适其适者矣！"每逢中秋佳节，菽庄花园高朋满座，尽是鸿儒硕学，骚人墨客，放歌吟咏，乐在其中。又出版《闽中金石略》《鹭江名胜诗钞》以及吕世宜著述的《古今文字通释》等书，名之为《菽庄丛书》，为保存地方文献作出一定贡献。林尔嘉之子林克恭是中国油画艺术当之无愧的先驱者。他早年留学英国学习绘画，回国后任厦门美术专科学校校长，创作了许多鼓浪屿题材的油画写生作品。后移居美国，是美国画坛的一位著名画家，在世界许多地方举办画展。林克恭的画作还赢得时任美国总统里根的青睐与珍藏。❶

　　1920 年，林尔嘉膺任厦门市政会会长，并连任鼓浪屿公共租界工部局董事会华人董事，其主事 14 年间，建树颇多。此外，他还参与泉州电气股份有限公司和安海电灯公司的投资。林家留在厦门的文档中有许多实业公司的股票，包括商办龙溪电灯股份公司、程漳轻便铁路公司、福建造纸股份有限公司、商务印书馆股份有限公司等。二十年代厦门兴建近代城市，开辟马路，拆迁民房遇到地方封建保守势力和外国籍民的阻挠，林尔嘉"不避嫌怨，力为其难""任其劳而不任其功，辞其利而不辞其责"，秉公办事，使"忌者不敢谤"，市政建设得以顺利进行。

---

❶　周旻绘 . 鼓浪屿历史名人画传 [M]. 厦门：厦门大学出版社，2016.

20世纪20—30年代，林尔嘉面对全国特别是厦门地区的实业发展现状，以他亲自创办实业积累的一些经验、教训，倡议联合官绅创设实业讨论会，"以研究实业进行办法并联合全国商界，互相疏通事情，增进共同利益为宗旨"，得到当时厦门官绅叶崇禄、吴锦堂、王敬祥、张鸿南、林云龙、林文庆、林秉祥、黄庆元、黄猷炳、施光从等的响应，以我国第一个地方性侨务行政机关——设立在厦门的福建暨南局为临时办事处，费用由林尔嘉先行负担，充分体现了林尔嘉的实业救国思想。

林尔嘉一生淡薄官场，倡导实业救国，在厦门任总商会会长、市政会会长期间，对厦门城市建设贡献颇大。林尔嘉的爱国情怀，主要体现在他于国事、政事风云变幻中能明辨是非，择善弃恶；在甲午战争后，他能保持民族气节，终其一生坚拒入日本籍；在民国动荡时局中能洁身自爱，不与军阀同流合污；在积贫积弱的旧中国敢与外国列强抗争；在实业未兴的困境中积极倡导实业救国……凡此种种，充分表现出林尔嘉的拳拳爱国爱乡之心。

南方"工运之鹰"罗扬才

人物名片

罗扬才（1905—1927 年），号席欧，广东大埔县人。他是第一次国内革命战争时期厦门学生运动和工人运动的领袖，中国共产党福建地方组织早期的领导人之一。他短暂的一生，可归纳为四个厦门第一：厦门第一个共产党员，厦门第一个共产党支部书记，厦门第一个总工会委员长，厦门第一个革命烈士。他的革命事迹，在福建革命历史上留下了积极的影响，是一面永远闪光的旗帜。

1924 年，罗扬才毕业于集美师范，考入厦大预科，次年 12 月升入教育系。罗扬才在马列主义的熏陶下，深受五卅运动的影响，逐步走上了革命的道路。

1925 年 6 月，为了声援省港大罢工，在罗扬才的协助下，厦门市成立了第一个产业工会组织——中华海员工业联合总会厦门

厦门电厂工运先驱罗扬才烈士雕像

分会。

1925 年 11 月，罗扬才加入中国共产党。同月，来自广东的一个大学生在鼓浪屿遭电灯公司英籍总经理韦士重伤后被拘。此事激起民愤，罗扬才等人迅速组织工人罢工、学生罢课，众多商店响应拒售洋人货品。厦门各报接连载文谴责帝国主义的罪行，罗扬才等代表学生与英领事谈判。经数日斗争，英国领事馆被迫同意韦士道歉后被驱逐。❶

1926 年，在工会组织逐步建立、工人觉悟逐步提高的基础上，罗扬才、杨世宁等人发动全市工人掀起声势浩大的"二五加薪"运动，要求各工厂企业增加工人原工资的 25%。这次运动从受

---

❶ 郭启宗. 罗扬才传 [M]. 北京：中央文献出版社，2011.

罗扬才等共产党员影响最大、组织活动最多的厦门电灯公司开始。

厦门电灯公司的设备简陋，工人每天的劳动时间十多个小时，工伤事故经常发生，工资又很低，工友们大多难以养家糊口。罗扬才根据工人生活的具体情况，启发教育工人，向电灯公司提出增加工资、改善劳动条件的要求：工人工资20元以下的加6元，20元以上的加4元。遭到电灯公司经理拒绝后，1926年11月底，在罗扬才的建议下，趁着北伐的大好形势和工人运动的声威，电灯公司工人决定罢工停电，工厂机器不能开动，晚上一片漆黑，各厂家找电灯公司老板交涉，叫苦连天，便有老板贿赂一些军警，想借军警的力量把工人的罢工镇压下去。但军警在北伐胜利进军的形势下，不敢轻举妄动。两三天后，厦门电灯公司经理求海军警备司令部林国赓派人出面调解，但工人们不接受提出的条件，资本家没办法，只得求工会调解，最终答应工人提出的要求。厦门电灯公司罢工斗争的胜利，给厦门工人阶级和工人运动树立了团结战斗的榜样，鼓舞着全市工人群众的斗志，把广大工人群众从经济斗争引导到革命斗争中来，而后发展并波及全岛被称为"罢山罢海"的革命大风暴，形成了厦门工人运动大浪潮的滚滚洪流，使厦门呈现出崭新的革命气势。广州《民国日报》以"国内要闻"报道"厦门破天荒之群众运动"。

1927年1月24日，厦门总工会宣告成立，大会通过工会章程选出三十多名委员，推举罗扬才任委员长，杨世宁任副委员长，吴世华任秘书长。总工会的成立，标志着厦门工人阶级在共产党领导下成为革命群众组织中一支强大队伍与中坚力量，进一步促使了革命运动蓬勃发展。

1927年4月9日凌晨，国民党厦门市党部筹备主任李汉清勾结海军警备司令部林国赓派百余名队员包围厦门市总工会，罗扬才、杨世宁等被捕。厦门电灯公司工人及全市各行业工会代表300余人冒雨游行，要求释放罗扬才等人。中共闽南特委和厦门市委也积极设法营救罗扬才、杨世宁。因为当局防守严密，营救未能实现。不久，国民党厦门当局将罗扬才、杨世宁秘密海运押解福州市，囚禁在警察局里。罗扬才、杨世宁被关期间，大义凛然，对革命忠贞不渝，表现了共产党人崇高的革命气节和坚贞不屈的英雄气概。罗扬才捎信给中共闽南特委，写道："为革命而死，我们觉得很光荣，很快乐。"他写下诀别誓言，深情勉励同志："不必为我悲伤，应踏着我们的血迹前进！"切望厦门人民继续革命，奋勇战斗。6月2日，罗扬才、杨世宁在福州就义后，电灯公司工人们多次秘密举行纪念和祭奠。❶

1928年1月26日，厦门鼓浪屿华人成立"争回电灯权"委员会，开展抵制洋人垄断电灯的斗争，迫使英商交出鼓浪屿电灯公司经营权。后由归侨林富阁等人集资20万银圆，从英商和记洋行赎回公司股权，改称鼓浪屿中华电气股份有限公司，自始厦门民族电业迈入独立自主经营时代。

---

❶ 郭启宗. 罗扬才传 [M]. 北京：中央文献出版社，2011.

结　语

福建电力走进新时代

　　历史照亮未来，征程未有穷期。在旧中国，福建电力的追光历程既是一部近代发展史，也是一部中华民族的斗争史。清末民国时期，福建电力工业在"电光刘"家族、黄庆元、林尔嘉、纪廷洪等电力先驱的带领下，在艰辛探索中创业经营。然而在中华民族尚未独立与解放的时代背景下，近代电力工业无可避免地走向了衰落与崩溃。

　　到中华人民共和国成立前夕，福建全省电力装机容量仅为8656.6千瓦，年发电量仅为860万千瓦时，年人均用电量只有0.4千瓦时。电力是现代社会文明的基石，纵观福建电力百年发展历史，经历了电气化、电动化、智能化的能源电力革命历程。从当年福州老城区的几盏昂贵电灯到今天整个城市的灯火通明，电和经济社会发展的关系越来越紧密了：手机、电脑、电动汽车、智能家居……这些生活中常见的设备物件，都需要依赖电力才能运转。而今点亮八闽的万家灯火，抒写了孙中山先生百年前的"我国应大力发展电力事业，让每位国民都能用得起电"之美好愿望。

星光不问赶路人，历史不负奋斗者。新时期福建电力的共产党员正以百年党史为明灯，激发全员之力，照亮奋进新时代之路。从经济版图上的"东南洼地"，到如今连接长三角、珠三角、中部地区和台湾地区的"发展高地"，福建省在中国共产党坚强领导下，用百年时间书写了一个传奇篇章。在这华丽巨变的背后，有着福建电力人为光明事业持续奋斗的身影。从新中国成立之初仅有的一条福州 33 千伏输电线路，到福建的特高压和智能互联网时代，百年间，福建电力工业实现从小到大、从跟跑到领跑，为全省社会经济持续快速发展注入了强劲动力。

"电亮城乡，风展红旗如画"。2000 年，国网福建电力"双满意"工程列入为民办实事项目，受到时任福建省省长习近平同志的充分肯定："人民满意了，党和政府就满意。"20 年后，"双满意"工程继续成为新时代福建电力优质服务的有效载体。党的十八大之后，福建电网提前实现了电压等级、网架结构、电源结构"三大跨越"，形成了"省内环网、沿海双廊"超高压网架，打造北联长三角、南接粤港澳、西通华中腹地、东牵宝岛台湾的东南清洁能源大枢纽。同时围绕"新四通"搭建闽台融合发展的合作平台，力促福建与金马电力联网，为促进两岸统一创造有利条件。

站在"两个一百年"的历史交汇点，国网福建电力将继续弘扬中国电力精神，积极践行能源安全新战略，坚持谋划长远，服务发展大局，奋力推动社会主义现代化事业建设。展望未来，福建以电能为核心，以光能、风能、氢能等新能源为转型方向，以跨区域输送与分布式开发相结合为特色，能源安全新战略实践如火如荼，八闽清洁能源的发展前景广阔，福建电力将继往开来、与时俱进，续写盛世时代的新篇章。

福建电力大事记略

（1879.9—1949.9）

● 清朝末期

1879 年（光绪五年）

9 月 9 日（农历七月二十三），马尾船政点亮福建第一盏电灯。在《申报》《字林西报》《北华捷报》均有报道。

1900 年（光绪二十六年）

美国传教士在闽清县六都坂东乡善牧医院安装 1 台 1 千瓦汽油发电机发电，除保障临床手术照明外，还供医院院区和附近的毓真女子中学照明用电。

1903 年（光绪二十九年）

厦门鼓浪屿英商创办的电灯厂发电（装机容量不详），供外侨照明用电。

1906 年（光绪三十二年）

永春医馆英人马士敦从英国购进 1 台 10 千瓦的柴油直流发电机发电，供医馆用电。

7 月，林炳章集资 10 万元，在福州苍霞洲银圆南局开设福州电灯公司。

1908 年（光绪三十四年）

10 月 30 日，美国舰队来厦外交，清政府从上海运来一部发电机，在演武场安装电灯，这是厦门第一次发电照明。

1909 年（宣统元年）

4 月，福州林友庆等人创办耀华电灯公司，在今天的台江洲边设厂，安装 1 台 10 马力（7.5 千瓦）发电机组发电，架设 18 根电杆及配电线路，供附近照明。

1910 年（宣统二年）

10 月，福州刘崇伟等人邀集地方人士集资，承接耀华电灯公司资产，创办福州电气股份有限公司（简称福州电气公司）。

1911 年（宣统三年）

11 月，福州电气公司 2 台 150 千瓦汽轮发电机组投产发电，以 2.3 千伏电压等级向城区 575 户居民供电。

11 月，厦门陈祖琛和其子陈耀煌发起，集资创办商办厦门电灯电力股份有限公司（简称厦门电灯公司）。

中华民国时期

1913 年（民国 2 年）

林秉祥等集资 5 万银圆创办石码华泰公司，置 10

匹、20 匹马力煤油机各一台，专供锯木动力。址建石码锦江道西端，临江而建。

1 月 6 日，英国商人皮利与鼓浪屿租界工部局签订在鼓浪屿开设韦仁电灯公司契约。设办事处于晃岩路，选海后路为发电厂厂址。

8 月 29 日，韦仁电灯公司 1 台 120 千瓦柴油发电机组试发电。

9 月 10 日，韦仁洋行的韦仁电灯公司开始营业，1 台 120 千瓦柴油发电机发电，供外国侨民用电。

11 月 20 日，厦门电灯公司 1 台 500 千瓦汽轮发电机组投产发电，向市区主要街道供电照明。

本年，晚清贡生谢俊英、地方绅士李丹臣、陈启伦、苏应南等人，与厦门鼓浪屿富商林尔嘉合资 10 万银圆筹办电厂，定名为泉州电气股份有限公司。

1914 年（民国 3 年）

3 月，福州新港发电所增装 1 台 500 千瓦汽轮发电机组建成发电。

6 月 8 日，厦门电灯公司开始日间供电。

1915 年（民国 4 年）

本年，石码华泰公司增设 16 千瓦电动机 1 台，为居民提供 16 烛光电灯 800 盏，改名"石码华泰电灯总公司"。

1916 年（民国 5 年）

7 月，蔡荣堂等人成立民营龙溪电灯股份有限公司。

10月26日，泉州电气股份有限公司设立菜洲发电厂，安装1台60千瓦煤气发电机组，次年9月正式发电营业。

本年，石码华泰电灯总公司装3台208千瓦直流煤气发电机组投产发电。

1917年（民国6年）

9月，泉州电气股份有限公司菜洲发电厂1台60千瓦煤气发电机组竣工发电。谢俊英被任命为经理。

本年，石码华泰电灯总公司定名为石码华泰锯木电灯股份有限公司。

本年，福州电气公司新港发电所新装1台美国造1000千瓦汽轮发电机组发电。

本年，商人杨铞在莆田城内创办莆田电灯股份有限公司，以44.1千瓦蒸汽发电机组供城区照明用电。

年底，韦仁洋行将鼓浪屿电灯专营权转让给上海英商礼昌洋行，易名礼昌电灯公司，办事处迁主利大药房（现晃岩路2号）楼上。

1918年（民国7年）

1月，龙溪电灯股份有限公司安装1台30千瓦煤气发电机组发电，供市中心照明用电。同年续装1台50千瓦煤气发电机组发电。至民国10年装机容量达到170千瓦。民国26年由省建设厅接管，改名省建设厅漳州电厂。

1月8日，泉州电气股份有限公司定名泉州电灯股份有限公司，增加股本5万银圆。同年，龚显鹤任泉州电灯股份有限公司董事长兼总经理。

5月，厦门集美学校自备电厂安装1台18千瓦柴油发电机组发电，供照明用电。

本年，礼昌电灯公司增装1台125千瓦柴油发电机组。

本年，以蔡德远、林尔嘉为主集资开办安海电灯公司。安海电灯公司采用董事会制，是晋江最早的电灯公司，址设黄墩村，服务范围限于安海中心区。

1919年（民国8年）

本年，莆田仙游美以美教会所创办的女医院（仙游协和医院）购置了美制德尔科3千瓦直流发电机组和120伏蓄电池组，供应医院内部照明和抽水用电。

本年，福州电气工人为了改善自身的生活境遇，自发组织"机工互进会"。

1920年（民国9年）

本年，福州电气公司开始掺烧自己煤矿公司生产的无烟煤发电，开创了福建省用无烟煤发电的先例。

本年，郑伯初召集同乡共筹集了4万银圆，成立建瓯县电气股份有限公司。

1921年（民国10年）

8月，平和县救世医院安装1台3千瓦汽油发电机组发电。

本年，商户林振藩、林聿材合资在嵩口开办永泰县第一家光电厂，光电厂用 6 匹马力木炭机带动 2.5 千瓦发动机一台，发电供给商家照明。因股东纠纷，仅三个月即告停办。

本年，厦门东方汽水厂等合资创建龙溪江东冰厂，在龙溪县江东桥北侧建成西山水库水电站，安装 2 台总容量 41.38 千瓦水轮发电机组，供制冰用电，是福建省第一座水电站。

本年，南平夏道一家京果店的 1 千瓦汽油发电机发电，上半夜供若干店面照明，1925 年停闭。

1922 年（民国 11 年）

4 月，福州电气公司新港发电所又装 1 台美国造 1000 千瓦汽轮发电机组发电，同时原有的 2 台 150 千瓦的汽轮发电机组退役。

4 月，厦门电灯公司购置 1 台 800 千瓦汽轮发电机组投入运行，旧的 500 千瓦发电机组被淘汰。

本年，福州电气公司与连江县卢宗端在琯头镇合办连琯电灯公司，采用一相二线低压架空送电。

本年，福州电气公司与福清城区福塘境侨胞何茂良合股创办福清电灯公司，安装美国造的 1 台 45 千瓦发电机组发电，供县署、大商号和富户照明。

本年，郑伯初等人在建瓯玉皇阁前安装 40 匹马力旧煤气机配置 20 千瓦发电机并正式发电。

本年，福安华光电灯公司成立并安装一台装机容量

18 千瓦的煤油发电机组发电。

1923 年（民国 12 年）

1 月，莆田留美硕士吴仁民呼吁城中知名人士重新筹建莆田电灯股份有限公司，并出任经理。

本年，永安昭明水电有限公司的巴溪电站投产，装设 25 千瓦水轮发电机，每天发电 12 小时，以 480 伏电压向城内送电。

本年，石码华泰锯木电灯股份有限公司增添 132 匹马力柴油机和直流电动机等设备，为 40 余家米厂供电碾米。1938 年厦门沦陷，"华泰"停止发电。

1924 年（民国 13 年）

本年，琯头人倪圣武与福州电气合营，在连江开办火电厂，装机容量 30 千瓦，供连江县城商业街用电。

本年，龙岩商办光华电灯公司开业，集资 6 万银圆，安装 1 台 75 千瓦发电机组供照明用电。

本年，潘伊铭集股在沙县城南门创建沙县商办电灯公司，从德国购进一台 23 千瓦的火力发电机，供部分商户、富裕家庭用电。

1925 年（民国 14 年）

11 月 10 日，礼昌电灯公司经理兼工程师英籍犹太人韦士（M.N.WYSE），无故殴打大学生叶清泉，激起工人罢工、学生罢课、各报声讨，迫使英国领事馆让韦士在登报道歉并逐出鼓浪屿。

本年，莆田电灯股份有限公司购置 37 匹马力柴油发动机、"西屋"牌 25 千伏安三相交流发电机，在城内湖岸靠近哲理中学处选址兴建电厂，每天下午 6 时至 11 时发电，供军政机关、主要街道以及文峰宫等较大商店和哲理中学用电。

本年，驻上杭县陆军旅长曹万顺集资 2.38 万元倡办上杭福耀电灯公司，安装 1 台 50 千瓦柴油发电机组，次年 5 月向城区供电。

本年，古田县钟春芸等集资在旧城六保龟山首建闽东地区第一座龟山水电站，装机容量 30 千瓦。

1926 年（民国 15 年）

1 月，厦门电灯公司增装 1 台德国造 1500 千瓦汽轮发电机组发电。

7 月，尤溪城厢电光厂创办，购得 1 台美国产 16 马力旧发电机发电，供政府机关和几家大店铺及少数居民照明，年余因设备陈旧停厂。

11 月，厦门电气工会在共产党员罗扬才等人的组织下，开展以加薪为目标的罢工斗争。连续数天全市停电，资方无奈，答应从 1927 年 1 月起，月薪 10 元以下的增加三成，20 元以下的加二成，20 元以上的加一成。

本年，英商礼昌电灯公司经营处境维艰，将产业转让香港汇丰银行，公司易名鼓浪屿电灯公司。同年，鼓浪屿电灯公司新装 1 台 150 千瓦柴油发电机，总装机达 395 千瓦。

本年，永春桂洋村安装 1 台 5 千瓦汽油发电机组发电。民国 19 年，该机组移至村水尾下岸用水车带动发电，为本地区首座小型水力发电站。

本年，建瓯电气股份有限公司的郑伯初等人通过发行股票集资 6 万银圆，购置 168 匹马力旧柴油机（后改为煤气机），配置 80 千瓦发电机，为城关居民提供照明供电。

1927 年（民国 16 年）

1 月 24 日，厦门市总工会成立，由中共厦门市委组织部长罗扬才任委员长，工运部长杨世宁任副委员长兼电气工会会长（含电灯、电话、电报）。

6 月 2 日，罗扬才、杨世宁在福州就义，电灯公司工人们多次秘密举行纪念和祭奠。

本年，英商厦门和记洋行向汇丰银行购买鼓浪屿电灯公司专营权。

本年，莆田涵江电灯股份有限公司成立，兼并原莆田电灯公司，在延宁宫建新厂，安装 1 台 132 千瓦柴油发电机组投产，以 6.6 千伏供电涵江和城区照明及粮油加工用电。

本年，闽北第一座水电站——南平夏道水电站由纪廷洪向商户集资筹建，于次年夏发电。

1928 年（民国 17 年）

1 月，厦门鼓浪屿华人组成"争回电灯权委员会"，开展抵制"洋人"垄断电灯的斗争。

本年秋，长汀创办"汀州电灯公司"，是长汀最早的官商合办电力企业。厂址设桥下坝观音阁，有木炭动力机、煤气发生炉和 24 千瓦发电机各 1 台，供城区官府、商户提供照明。

12 月 21 日，爱国华侨林富阁等集资 20 万银圆，成立鼓浪屿中华电气公司，收回英商和记洋行鼓浪屿电灯公司的股权和经营权。

本年，商人刘炳丁等集资 6 千银圆，在漳浦县创办利民电灯米绞股份有限公司，安装 1 台 17.9 千瓦发电机组发电。

1929 年（民国 18 年）

1929 年 3 月，蔡德远、陈清机、吴善卿等募集侨资 5 万银圆承接安海电灯公司。承接后公司名称不变，聘原董事长蔡德远之子蔡子钦任经理。

4 月，灯话员工联合会领导电气、电话公司员工为争取实行 8 小时工作制、增加工资等进行罢工斗争，在强大的压力下，公司当局答应了工人的要求。

7 月 26 日，全国民营电业联合会在南京成立，厦门电灯公司的代表当选为监察委员。

本年秋，厦门电灯公司工人举行罢工，要求增加工资，工人同资本家、反动军警斗争了 5 天，以失败告终。

11 月 1 日，民营仙游电灯股份有限公司安装 1 台 64 千瓦柴油发电机组发电。民国 28 年 4 月，由省建设厅接管，改名省建设厅仙游电厂。民国 31 年 10 月划归县办，改称仙游电厂。

本年，尤溪地方商绅集股 1.4 万银圆，购旧 32 马力木炭机配 20 千瓦发电机，兴办尤溪电厂，晚供电照明，白天碾米。民国 26 年停业。

1930 年（民国 19 年）

1930 年，永春县一台 5 千瓦汽油发动机带动的水车发电，是泉州地区第一座水电站。

1930 年，福州电气股份有限公司向社会集资，在排尾兴建第二发电所。

1931 年（民国 20 年）

本年，南平纪廷洪倡议集资创办的南平电气股份有限公司西芹（合坑）水电站第一台 32 千瓦机组发电。1932 年，新装 1 台 32 千瓦机组。1937 年装机容量增至 132 千瓦，年发电 100 万千瓦时。

1932 年（民国 21 年）

4 月，蔡子钦邀华侨、归侨集资 4 万银圆承接泉州电灯股份有限公司，改组成立泉州电灯电力股份有限公司。

1933 年（民国 22 年）

本年，福建省建设厅派员到古田溪勘察水力资源，并于 1937 年在曹洋村设水位站观测。

本年，厦门电灯公司又安装 1 台美国造 1500 千瓦汽轮发电机组。总装机容量 3800 千瓦。

10 月 13 日，鼓浪屿黄家渡枋屋一居民家失火，波及四邻，中华电气公司厂房及部分设备被烧毁。经工人抢修，从 21 日起陆续恢复路灯及重要用户供电。

11 月，泉州电灯电力股份有限公司菜洲发电厂增装 1 台 140 千瓦柴油发电机组竣工发电。1937 年，增装 1 台 180 千瓦煤气发电机组发电。至此，该厂总装机容量达 380 千瓦。

1934 年（民国 23 年）

3 月 11 日，福州电气公司在排尾新建发电所安装 1 台捷克造 3000 千瓦汽轮发电机组发电，总装机容量达 5500 千瓦。当年发电量 1033.2 万千瓦时，为当时全省规模最大电厂。

4 月 16 日，泉州电灯电力股份有限公司召开第一届股东大会，修改通过"泉州电灯电力股份有限公司简章"。5 月 3 日，公司举行第一届一次董监事联席会议，选举陈清机为董事长。

5 月下旬，鼓浪屿中华电气股份有限公司迁建到康泰垵的发电厂开始发电。

7 月 1 日，鼓浪屿供电方式改直流为交流，装机容量达到 600 千瓦。

本年，全国民营电气企业联合会第六届大会在福州召开，向台湾总督府抗议日籍台湾浪人的偷电行为。

1935 年（民国 24 年）

9 月，福州电气公司在省建设厅贷款支持下，架通福州至长乐县莲柄港 33 千伏输电线路，供 5 万亩农田

灌溉用电。线路全长 22.6 千米，过乌龙江跨距长 730 米，铁塔高 54.9 米，是当时国内跨距最长、铁塔最高的输电线路。

本年，南靖县靖城电厂安装 1 台 1.5 千瓦发电机组投产。

本年，龙岩县城创办龙岩电气公司，安装 1 台 15 千瓦直流发电机组发电。后迁移白土，称白土电力厂。

1936 年（民国 25 年）

12 月，榕南电气有限公司成立，安装 1 台 12 千瓦汽油发电机组发电，直流电压 220 伏，立木杆 35 基，架设 2 千米线路，供南屿街商店和居民照明用电。

1937 年（民国 26 年）

3 月 1 日，龙溪电灯股份有限公司被福建省建设厅折价接管，改称福建省建设厅漳州电厂。

12 月 28 日，厦门电灯公司原董事长黄庆元被国民政府驻闽绥靖公署以汉奸罪处以死刑。

本年，福州电气公司总经理刘崇伦与经理刘爱其被福州特务张超绑架杀害。

本年，由于抗日战争的爆发，柴油供应中断，莆田涵江电灯股份有限公司停办。

1938 年（民国 27 年）

5 月 10 日，厦门沦陷。7 月，厦门电灯公司被日本福大公司兼并。

5 月，福建省政府迁往永安，省建设厅兴办的永安电厂桥尾发电所 2 台 32 千瓦柴油发电机组发电。民国 28 年至 34 年，又建立 3 个发电所，共安装 3 台煤气发电机组和 1 台柴油发电机组。至此，永安火力装机容量达到 179 千瓦。

11 月，省公用事业管理局折价收购民营沙县电灯公司，改称省公用事业管理局沙县电厂，次年新装 1 台 26 千瓦煤气发电机组发电，不久划归省建设厅管辖。

1939 年（民国 28 年）

本年，省建设厅将漳州电厂 2 台（30 千瓦、50 千瓦）煤气发电机组迁往龙岩安装，成立省建设厅龙岩电厂，7 月发电。1948 年 4 月，省建设厅将该厂产权归还龙溪电灯公司。

7 月，龙岩首台 30 千瓦直流发电机组试机安装成功，次年 2 月正式发电，电压 110 伏，主要供城区商店夜间照明。同年冬天，第二台 50 千瓦发电机组投产发电。

7 月 4 日，厦门电灯公司被改名日华合办厦门电力股份有限公司。

本年，省建设厅接收仙游电灯股份公司。

本年，日军飞机不断轰炸福州，新港第一发电所、排尾第二发电所及莲柄港工程线路，经历 8 次轰炸，损失严重。

本年，石码华泰锯木电灯股份有限公司发电机器设备，被当局拆迁永安、龙岩。

1940 年（民国 29 年）

2 月，省建设厅永安电厂桂口水电站第一期工程 1 台 132 千瓦机组建成发电。民国 32 年（1943 年），第二期工程 1 台 132 千瓦机组建成发电。至此，该电站容量 264 千瓦，为当时全省最大水电站。

7 月，漳州电厂设立芝山发电所，租用 7.5 千瓦和 6 千瓦直流发电机组投产。

8 月，福建省建设厅仙游电厂改称福建省企业特种股份有限公司仙游电厂。

本年，南平城区的北门、水南、中山路、东门发电所相继投产，装机容量达到 183 千瓦。同年，省建设厅收购南平、建瓯两县电气股份有限公司资产，更名为南平电厂（即南平电业局前身）和建瓯电厂。

本年，莆田第一座水电站——八濑溪水电站建立，通过铁木结构的水轮机车带动 40 千瓦发电机发电，加工谷物及试产电解产品氯酸钾，后该电站被反动势力破坏摧毁。

1942 年（民国 31 年）

4 月，厦门鼓浪屿中华电气股份有限公司因太平洋战争爆发以致燃油供应中断而停电，为此敷设厦门至鼓浪屿 2300 伏海底电缆，向鼓浪屿供电。当年底电缆损坏，停止供电。

本年，日华合办厦门电力股份有限公司由于用电锐减把 1 台 1500 千瓦机组拆除闲置。

1943 年（民国 32 年）

本年，仙游电灯股份公司因生产操作不慎导致事故，气缸、机器全部爆炸毁坏，发电中断，电厂因此停办。

本年，日华合办厦门电力股份有限公司与厦门自来水公司合并为厦门水电股份有限公司。

本年，张焕成兄弟在家乡龙岩市龙门镇湖洋村兴办巨轮水力发电厂，安装 1 台 30 千瓦时轮发电机组发电，成为闽西地区首座水电厂。

1944 年（民国 33 年）

5 月，三十二集团军总部进驻浦城时兴建的电厂投产发电。装机 50 匹马力的木炭机、25 千瓦直流发电机，址设水南关帝庙，输电线路东到水南天后宫、仙楼下，北到孔子庙，西到前街戏院，主要供军队机关和少数大店铺使用。

6 月，长汀县官商合资兴办长汀光明电灯股份有限公司。

本年，官商合办的德化电力厂安装 1 台 6 千瓦煤气发电机组竣工发电。同年，德化民生碾米厂安装 1 台 7 千瓦发电机组竣工发电。该两台机组均于民国 37 年停闭。

1945 年（民国 34 年）

3 月，厦门电灯公司因发电厂断煤，全部停机停电。9 月 3 日，厦门光复，厦门市政府工务局接收水电公司，10 月 10 日以木柴为燃料恢复发电。12 月 4 日，厦门鼓浪屿中华电气股份有限公司恢复供电。

3 月，漳平县陈文成等人集资 1.3 万元，在永福乡蓝田兴建秋苑水力发电站，安装 1 台 11 千瓦直流发电机组，主要供制白硝、加工大米及附近街道民用照明。

10 月，漳平县刘子熙等人，在县城刘子厝创办漳平青年电厂。

1946 年（民国 35 年）

4 月，厦门电灯公司归还商办。原董事长因汉奸罪股权被没收，成为官股。公司实权被官股代表的公司董事长所把持。

8 月，三十二集团军总部撤离浦城，将三十二总部浦城电厂和发电线路财产卖给地方，交由伪政府、商会、青团接管经营，两年后电厂倒闭。

1947 年（民国 36 年）

3 月，资源委员会全国水力发电总处和省建设厅联合组成的古田溪水力发电勘测队到现场勘测。

5 月 10 日，经福建省政府第 504 次委员会议决定，福建电力股份有限公司筹备处第一次筹备会议召开，讨论了公司招股章程及筹组古田溪水力发电工赈工程委员会等事项。

1948 年（民国 37 年）

3 月，福州电气公司与资源委员会、台湾电力公司联合经营，改称福州电力股份有限公司。

本年夏，古田溪水力发电工程的勘测工作完成，提出"分段设厂，分期开发，三级发电"的基本构想，装机总容量 11.5 万千瓦。前期工程开始动工。同年，古田溪水力发电工程处成立。

1949 年（民国 38 年）

8 月 17 日，福州解放。23 日，解放军军管会接管福州电力股份有限公司。

9 月 1 日，龙岩县城解放，解放军军管会接管龙岩电厂。次年，1 月 24 日，龙岩电厂归龙岩地区专员公署管辖，厂名改称公私合营龙岩电厂。

9 月 17 日，漳平县人民政府接管漳平青年电厂，后改称为地方国营漳平电厂。

本年，泉州、南平、漳州人民政府分别接管当地电灯公司（电厂）。

后　记

　　福建电力工业史不仅是中国电力工业史的重要分支，也是辉煌中国工业发展史的经典篇章。《八闽·追光　福建电力工业史话（1879—1949）》是开展中国电力工业史学习教育的基础参考书，对福建电力行业传承红色基因具有重大意义。

　　长河浩荡，光明永续。一个多世纪福建电力工业的恢宏实践和立史存志，绘就了一代代福建电力人开拓创新、笃行不怠的集体画卷。新时代新征程，福建电力事业蓬勃发展、日新月异，电力人将接续奋斗、披荆斩棘，推动福建能源电力事业阔步前行，谱写中国式现代化电力发展新篇章。

　　在纪念福建点亮第一盏电灯 145 周年之际，追寻福建电力人百年创业之初的历史足迹，挖掘、整理、记录他们的功绩和奋斗历程，以供后学，既是对前辈的纪念，也是对后辈的激励；既是对历史的再现，更是对精神的升华。这是我们编纂此书的意义所在。

　　本书内容涉及面广，人物牵涉多，历史记忆长，但在国网福建省电力有限公司领导的关心重视和各单位同仁的大力支持、配合下，终于得以付梓。在采写过程中，各级领导、老师也为我们提供了许多的支持和帮助，还有很多热心的同志或出谋划策，或提供线索，或自己撰稿。因年代久远，公司文档工作人员本着锲而不舍、滴水穿石精神，深入档案书馆寻源翔实图文素材，为此书顺利出版付出了艰辛劳动。本书编纂过程中，得到马尾船政文化研究会及福建电业创始人后代的大力支持，在此我们一并深表谢意。

福建电力发展的百年是可歌可泣的百年，福建电力人百年间求索图强、开拓进取的创业精神值得大书特书，限于篇幅，只能管中窥豹，难免挂一漏万，加上编写人员水平所限，本书疏漏和取舍不妥之处，敬请读者谅解和指正。